普天之下・盡是好書

普天出版家族
Popular Press Family

凌雲文創
A-Plus Creative Company

Thick Black Theory

厚黑學

你不能不知道的領導統御厚黑權謀

完全使用手冊

領導權謀篇

哲學家叔本華曾經寫道：

「當心！不要讓你的腦袋成為別人的跑馬場。」

想成爲卓越的領導者，除了要有靈活的手腕，更重要的是必須深諳領導權謀，巧妙玩轉手中的賞罰權柄，讓他們彼此競爭、相互牽制。千萬不能心慈手軟、優柔寡斷，甚至偏聽偏信、賞罰不明，否則你就會淪爲部屬的傀儡，讓你手下那些「猴子」爬到肩膀上撒野，甚至把你的腦袋當成跑馬場。

Thick Black Theory is a philosophical treatise written by Li Zongwu, a disgruntled politician and scholar born at the end of Qing dynasty. It was published in China in 1911, the year of the Xinhai revolution, when the Qing dynasty was overthrown.

王照 編著

【出版序】

現實很殘酷，你必須學點厚黑心術

人不能只有小聰明，卻沒有大智慧；厚黑學不是教你賣弄聰明、耍奸玩詐，而是教你借用別人的能力，快速達成自己的目的。

•王照

現實很殘酷，想在慘烈的人性戰場存活，就必須學點厚黑心術，才能借用別人的能力，快速達成自己的目的。

用點手腕、使點手段，掌握一些厚黑技巧，往往是讓問題迎刃而解的最佳捷徑，同時也是現代人求生自保必備的智慧。

就本質來說，智慧和厚黑的內容是相同的，只不過是同一種應對模式的正反說法，岳飛用的時候，我們稱之爲智慧，秦檜用的時候，我們叫它厚黑。

古往今來的歷史經驗與生活教訓告訴我們：成功的秘訣就是智慧。唯有智慧才能使人脫胎換骨，也唯有智慧才能改變人生！

諸葛孔明向來被視爲智慧的化身，英姿煥發，才智溢於言表，手執羽扇頭戴綸巾，談笑間敵艫灰飛煙滅，何其瀟灑自如！他靠的是什麼？答案是智慧。

《西遊記》中的齊天大聖孫悟空護送唐僧前去西天取經，歷經九九八十一難，上天入地，翻江倒海，橫掃邪魔，滅盡妖孽，何其威風暢快，激動人心！貫穿整部《西遊記》的是什麼？答案還是智慧。

許多世界知名將領身經百戰，洞察敵謀，所向披靡，締造一頁頁傳奇。他們何以能叱吒風雲，在險惡的戰場屢建奇功？靠的還是鬥智不鬥力的智慧。

拿破崙橫掃歐洲大陸，如入無人之境；愛迪生一生發明無人能出其右，廣爲世人稱道，原因都在於他們懂得搭建通向成功的橋樑，擁有打開智慧寶庫的鑰匙。

當你前途茫茫、命運乖舛，輾轉反側卻不得超脫的時候，你需要智慧；當你面臨群丑環伺，想要擺脫小人糾纏之時，你需要智慧。

在你身陷絕境，甚至大禍迫在眉睫之際，想要化險爲夷、反敗爲勝，你需要智慧；在你萬事俱備只欠東風的時候，如何把握機稍縱即逝的良機，你需要智慧。

在你身處險境、危機四伏時，想躲避來自四面八方的暗箭，你需要智慧；在你春風得意馬蹄疾揚的時候，如何不致中箭落馬，更需要智慧。

在十倍速變化的世紀裡，古人所說的「離散圓缺應有時，各領風騷數百年」景況將不復出現，一個人的影響力、穿透力至多只能維持數十年。

我們當中，只有極少部分的人能靠著智慧和不斷自我砥礪，而獲得通往成功的通行證，絕大多數的人都將繼續在失敗的泥沼中跋涉，最後慘遭時代吞噬。

更殘酷地說，從來沒有一個世紀是愚騃無知之徒的世紀——他們充其量不過是歷史煙塵中庸碌的過客，或者任由豺狼宰割的羔羊；他們想擁抱時代，時代卻無情地吞噬、遺棄、嘲弄他們。

無疑的，二十一世紀是智者通贏的世紀，我們既面臨空前無情的挑戰，同時也面臨曠世難遇的機遇。

失意、落敗、悲哀無可避免地會降臨在那些愚騃懵懂、懦弱無能的人身上，這些人將成為時代的棄兒，被遺棄在歷史的垃圾堆。

成功的機遇則會擁抱那些充滿智慧、行事敏捷、勇於進取的人；唯有這些人方能成爲時代的驕子，分享新世紀的光輝和榮耀。

洛克維克曾經寫道：「狼有時候也會保護羊，不過那只是為了便於自己吃羊。」在這個誰低下脖子，誰就會被人當馬騎的年代裡，如果想要生存下去，就要具備厚黑的智慧，既要通曉人性的各種弱點，又要懂得運用爲人處世的技巧。

本書要教導讀者的，就是在人性叢林中成功致勝的修身大法。內容包含兩個層面，一是自我素質的快速提昇，透過吸收書中列舉的借鏡與知識，累聚各式各樣必備的智慧，增進自身的涵養；一是徹底摸清人性，修習爲人處世的技巧，運用機智、適當的手腕，適時發揮本身所具備的才能。

這兩者正是獲得成功的最重要因素，也是決定性的因素。

人不能只有小聰明，卻沒有大智慧；厚黑學不是教你賣弄聰明、耍奸玩詐，而是教你看穿人性、修練人生。如果你不懂得厚黑學，不懂得洞悉別人如何耍弄心機，那麼永遠都只會是人性戰場上的輸家。

01. 以智取勝，才是真正的領導高手

謀略可以以弱勝強、以少勝多，可以化劣勢為優勢，最終取得勝利。對於戰爭局勢而言，它可以扭轉乾坤；對於人本身而言，它可以改變你的一生。

02. 優秀的領導者要以身作則

所謂身教重於言教，領導者身先士卒並不是只用嘴說說而已，而是表現於能不能以身作則。

03. 如何戰勝高傲虛偽的人

凡是有頭腦的領導人，總是時時審視自己是不是一個完全的人，他曉得自己確有許多缺點，更清楚批評是他發現缺點的好辦法。

04. 選擇下屬，也要選擇上司

身為等待被提拔的我們，不能完全處於被動的地位，因為，在上司選擇我們的時候，我們也必須選擇上司。

05. 容忍缺點，才能善用優點

人有長處，也有短處；優點越突出，缺點也越突出，領導者既要重用人才的長處，就要能容忍他的缺點，才真能得到人才的幫助。

06.

有高明的手腕，才能避免屬下造反

一位高明的領導者得兼有鐵血的作風與懷柔的手腕，這樣才能樹立領導者的權威，並得到屬下的愛戴。

07. 觀察小習慣，就能避免大麻煩

懂得從小習慣了解一個人的內在特質，領導者才能發掘人才、知人善任；懂得從小地方判斷未來情勢，領導者才能預防禍端。

08. 用人唯才，才能吸引人才

領導者要能拋棄個人成見，客觀地對他人做出評價，即使情感上不喜歡，也決不以私害公、以私誤公，而應看中對方的能力加以重用。

09. 如何在別人心目中建立威信

任何一項新的決策，在執行過程中必然會面臨阻力和壓力，作為領導者千萬不能輕易放棄，要把自己的決心和意志表現出來。

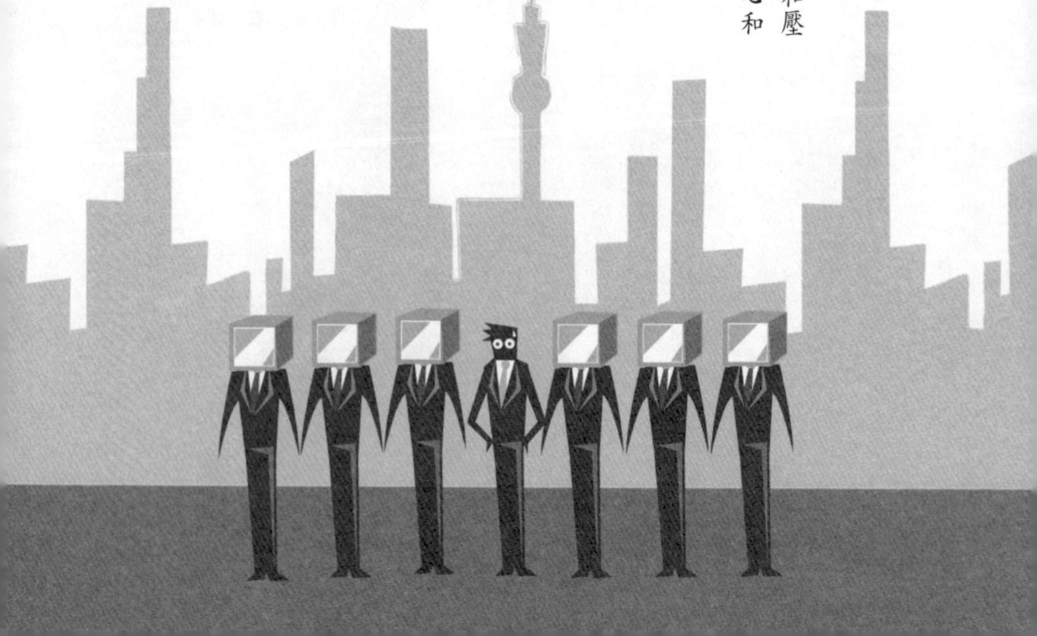

10. 幽默的領導高手更受人歡迎

幽默感不僅是積極的領導統御策略，更是你的護身符，即使遇上對手的銳利武器，我們都能靠著幽默全身而退。

PART 1

以智取勝，才是真正的領導高手

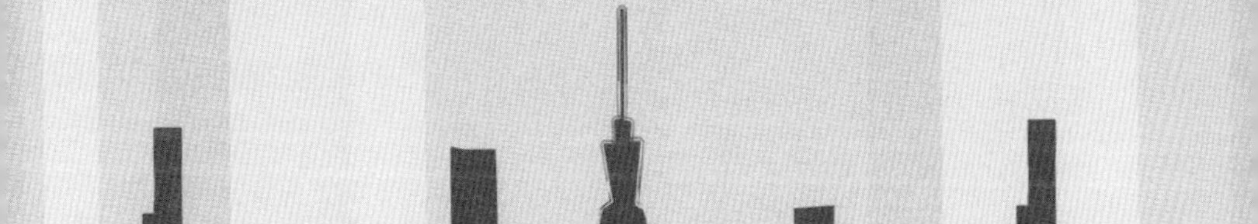

謀略可以以弱勝強、以少勝多，可以化劣勢為優勢，最終取得勝利。對於戰爭局勢而言，它可以扭轉乾坤；對於人本身而言，它可以改變你的一生。

了解對手，就能打敗對手

要在激烈的商業競爭中力挫群雄，壓倒強手，就必須掌握預測與判斷的法則，不能輕視對方，更不能低估對方的實力與智慧，否則最後遭殃的將會是自己。

眾所周知，《孫子兵法》是一本的智慧結晶，它所包含的思想內涵是相當多元的，不僅是一部兵書，也是一部商戰兵法，更是一部永遠也讀不完的人生哲學，領導者可以從中找出幾個重點加以運用。

在《孫子兵法》中，孫子提到獲勝的重要秘訣是：「知可以戰與不可以戰者勝，識眾寡之用者勝。」

意即，在決戰之前絕不可以憑主觀臆斷來下決策，必須充分瞭解敵方的兵力與糧草是否充分，還有將帥的素質、特性與用兵特點等等，一切絕不可憑空臆測。如果，敵方的整體實力遠遠超過自己，而己方又一時沒有以少勝多的把握和奇策，那麼就必須放棄這場戰爭，以待來日再決勝負。

如果時機成熟了，有機會贏得勝利，那麼便要抓住時機，一舉殲滅對方。所謂時機成熟，便是要有百分之百的把握，如此才能萬無一失。

這種良機對交戰的雙方而言，可以說是稍縱即逝，如果沒有善加把握，一再蹉跎，就無法取得勝利。

具體地講，要在激烈的商業競爭中力挫群雄，壓倒強手，就必須掌握預測與判斷敵人的法則，不能輕視對方，更不能低估對方的實力與智慧，否則最後遭殃的，將會是自己。

「孔明揮淚斬馬謖」就是一幕血淋淋的例子。諸葛亮率軍孤注一擲攻打關中，最後卻功敗垂成；在這場曠日持久的戰爭中，街亭要塞一直是咽喉之地，所以，魏國方面集重兵攻打，形勢異常嚴峻。這時，馬謖主動請纓捍守街亭，並誓言如街亭失守，即請孔明將他正法，還立下了軍令。

自恃熟讀兵書的他，在蜀軍中曾立下很多大功，但他卻犯了輕敵的錯誤，不久，街亭失守，蜀國的北伐大業功虧一簣。

當然，此事孔明也難辭其咎，明知馬謖常犯輕敵之過，卻與他立軍令狀，眞是「智者千慮，必有一失」。

這一失最終導致了蜀國的崩潰，最後孔明也只好揮淚斬了馬謖，演出了一幕千秋悲歌。

簡而言之，馬謖的失敗，關鍵就在他沒有詳細瞭解敵方的兵力，以及敵方的戰術運用，錯估了敵方的實力，以致敗得一塌塗地，爲政者或領導者應該以此爲鑑，不可不察。

欺騙對手也是一種有效手段

不管是什麼形式的角力，只要能靈活而生動地體會和運用這些攻守法則，你就能成為優秀的領導統御高手。

在我們的實際工作和生活中，許多幹部或領導者往往過於暴露與張揚，不懂得隱藏自己，喜歡把自己的一舉一動都置於別人的視野範圍之內，那不是有意地麻痹他的敵人，而是習慣什麼都和盤托出，不懂得運用眞眞假假，虛虛實實的技巧。

《孫子兵法》強調：「兵者，詭道也。」

用兵之道，就是要善於迷惑和欺騙敵人，所以在己方實力強的時候，一定要想辦法裝出疲弱的樣子。當離敵陣較近時，要設法使敵軍誤以爲你離他們還很遙遠，在離敵陣眞正遙遠的時候，也要設法使敵人誤以爲你早已兵臨城下。

當敵人覺得有利可圖的時候，要有意識地引誘他們進攻，在敵人陷於混亂的時候，要一鼓作氣將之擊潰。

我方軍備和戰鬥力充分時要想法偽裝，在敵人比自己的實力強大時，一定要想辦法避免與他們正面衝突。

這就是《孫子兵法》教導我們的「兵行詭道」，除了運用在軍事上之外，在政治及商業上更可以靈活運用。

在實際工作和生活中，許多人並未深刻地領會《孫子兵法》中的「兵行詭道」，他們總是過於暴露與張揚，不懂得偽裝自己，總是把自己的一舉一動都置於對手的視線之內，一點也不懂得自保的道理，更不懂得「逢人只說三分話」的重要。

有些心事帶有危險性和機密性，不能隨便吐露。例如，在工作上承擔的壓力與牢騷，或是你對某人的不滿與批評，當你滿腹怨氣地傾吐這些心事時，就有可能在他日被人拿來當做修理你的武器。

所以，無論你是公司的主管，還是一般小職員，都要學會保護自己，學會隱蔽自己，這是我們取得成功相當重要的方法。

在《孫子兵法》中有一項攻守法則，「攻其所不守也，守其所不攻也」，強調想要攻擊敵人獲得勝利，就應該攻擊敵人不注意的地方。如果我們處於防守位置，那就應該留意平常看來不顯眼的地方，以免引起敵人重兵強攻。

一個優秀的領導者，行爲絕對不能遲疑不決，在攻擊和防守時需要投入更多的精神，因爲要對敵人的動靜瞭若指掌，必定要下功夫挖掘情報。

在攻守之間，情報策略是不可少的。不過，得到再多敵方的情報，也不能以爲從此就可以高枕無憂。因爲，在得手的情報中，可能隱藏著對方故音設計的錯誤資訊，如果因此而忽略了其中可能存在的陷阱，說不定會發生致命的大傷害，所以，不得不小心謹慎。

發動攻勢時，要設法攻擊對手防禦薄弱的地方，因爲此處是最爲對手忽略的地方，遭受的抵抗也最少。

攻擊時，要讓對方摸不清意圖，然後伺機而動，才能出其不意地直搗對方核心。

所謂戰術，就是爲了達成目標所使用的方法，如果懂得用各種不同的戰術騷擾對方，讓他忽略你真正的意圖，那麼勝負已可預見。

所以，在獲得一分情報時，不能僅看它表面所傳達的訊息，必須保持愼重的態度，了解內在的實質意義。

孫子所說的「能爲敵之司命」，就是要我們瞭解、掌握無形的戰術，掌握了對手的命運，就掌握了勝利。

不管是什麼形式的角力，只要能靈活而生動地體會和運用這些攻守法則，你就能成爲優秀的領導統御高手。

注意，敵人的刀槍不長眼睛

敵人的刀槍、流箭不長眼睛，領導者應視情況、環境適時進行調整，如果一味僵化不知變通，恐怕只有失敗的分了。

德國哲學大師叔本華曾經寫道：「當心！不要讓你的腦袋成為別人的跑馬場。」的確，如果你想成爲一個卓越的管理者，除了要有靈活的領導手腕，更重要的是，千萬不能人云亦云，毫無主見，否則就會讓你統御的那些「猴子」爬到肩膀上撒野。

《孫子兵法》云：「兵無常勢，水無常形。」

領導統御策略的運用也不應有固定的模式，應該如同水會根據不同的容器而呈現出不同的形狀一樣。

世事萬物無時無刻不處在變化之中，如果作爲企業和政治領導者不能具體分析問題，並根據實際情況靈活擬定應變措施，那你所制定的路線、方針、政策，你所做出的實施方案和實施步驟，就可能與實際情況格格不入，甚至大相逕庭，從而碰得頭破血流。

從前，有一個鄉下人想到城裡去買東西，順便帶了幾根竹竿去城裡賣。當他來到城門前時，由於竹竿太長，怎麼也進不了城門，這時有個過路人見他急得滿頭大汗，就出了個主意說：「你爲什麼不將竹子鋸成幾截呢？」鄉下人一聽，覺得這個辦法不錯，於是將竹竿鋸成幾截，終於順利通過城門，但進城之後卻沒能將竹竿賣出去，因爲長的竹竿人們買去還有用處，可鋸成了這麼多段，還能做什麼呢？

稍微細心一點的人就會發現，這個愚蠢的鄉下人折騰了老半天，就是不知道只要把竹竿換個角度，與地面平行的狀態便能進城了，可笑的是，連提供餿主意的路人也沒有想出這麼簡單的方法。

因循守舊，不懂得因地制宜、因勢利導，無疑是人生和事業的大忌。

在中國的古籍中，關於這方面的例子非常多，它們以特有的幽默和風趣反覆地告誡我們，應當怎樣去對待不斷變化發展著的事物。

我們先來看「鄭人買履」的故事。

鄭國有一個人想要到城裡買一雙鞋子，於是開始細心地用尺比劃好自己腳的尺寸，做好鞋底的模型。

但是，當他走了很遠的路來到城裡的時候，卻發現自己忘記帶做好的模子，於是懊惱的他，只好空手回家裡，就這樣沒買成鞋子。

雖然買鞋時，有人好心提醒他說：「你用腳試一試不就行了嗎？爲什麼一定要那個模子呢？」

他卻回答說，那個模子是他量了自己的腳以後，好不容易才做好的，所以一定要有那個模子才行。

如此迂愚，連自己的腳和腳的模子哪個最具有意義，哪個屬於「本」，哪個屬於「末」完全都不懂，這樣僵化的思維，缺乏最基本的靈活性和機動性，不論做什麼事都是很危險的。

還有個故事，是關於兩軍打仗時候的變通。

春秋時候，宋襄公爲了稱霸諸侯而與楚國交戰，宋軍早已擺好仗陣，而這個時候河對岸的楚國軍隊卻還未渡過河。

按說，在楚軍渡河的時候，宋國軍隊可以發動突擊，一舉殲滅敵軍，然而親自指揮這場戰鬥的宋襄公，卻以爲應該等對方渡完河，擺好了仗陣後，才可以進攻，否則便違背了仁義和人道的原則。

可是，等到對方擺好仗陣開戰，宋國軍隊便被打得落花流水，潰不成軍，最終白白地將可以到手的勝利拱手送給了對方，連一聲謝謝的話也沒得到。

更殘酷的是，敵人的刀槍、流箭不長眼睛，以仁義之師自許的宋襄公在此役身受重傷，最後不治而亡。

這些故事和典故所表達的，其實是極爲簡單樸實的道理，卻也容易被忽略，在在提醒領導者應視情況、環境適時進行調整，如果一味僵化不知變通，恐怕只有失敗的分了。

沉得住氣，才能獲得勝利

在具體的政治和商業活動中，領導者應主動地、自覺地引用「以逸待勞」的戰法，要多動腦筋，沉得住氣，不應浮躁行事。

古往今來的戰爭歲月中，戰爭的最終勝負並不完全取決於兵力的強弱或人數的多寡，很大程度上是取決於人心的向背和軍隊內部的凝聚力，沒有凝聚力就如同一盤散沙，就是外強中乾，一上戰場就一觸即潰，兵敗如山倒，這種戰例古今有之，可以說不勝枚舉。

像是秦朝末年，劉邦和項羽貴為兩支起義軍的領袖，但因為兩個人截然不同的性格與領導風格，最終出現了戲劇性的變化。

一介武夫的項羽，自稱「力拔山兮氣蓋世」，率領強大的兵力專攻秦軍主力，戰無不勝，攻無不克。但是，後來楚漢爭霸，與劉邦交戰過程中，項羽的弱點卻暴露得越來越明顯。他雖武功蓋世，卻不會用人，原本在他麾下的很多名將和謀臣，便因此被劉邦「挖」走，連被他稱為「亞父」的范增百般忠告，他也聽不進去，最後落得眾叛親離。

反觀劉邦，雖然他的兵力不如項羽，但卻善於籠絡人心，知人善任，所以內部較團結，凝聚力強，因而戰鬥力也強。

兩軍對壘中，項羽漸漸由盛轉衰，而劉邦卻漸漸由弱變強，項羽連吃敗仗之後，最後竟在烏江自刎，結束楚漢爭霸的戰爭。

從某些方面說，是軍心的向背和內部的凝聚力決定了這場「楚漢之戰」。項羽內部渙散，人心思變，實力不斷削減，相對的，劉邦卻擁有著凝聚力與眾志成城的信念，最終贏得勝利。

這說明了，只要能上下一心，齊力合作，才有獲勝的可能。

此外，《孫子兵法》中也強調：「以虞待不虞者勝。」

意指要有事先準備，將各種情況了然於胸，一舉一動都在思慮之內，如此一來，便能細細地張好網、備好繩，等待敵手來自投羅網，這與「以逸待勞」的意思很相近。「逸」本來的含義即是輕鬆自如，「勞」即是忙忙碌碌、慌慌張張。

在《左氏春秋左傳》裡曾記載著這樣一個戰例。

春秋時期，魯國與齊國作戰，兩軍擺好仗陣，準備廝殺。當敵方擊鼓指揮軍隊進攻的時候，魯國軍隊卻一動不動，魯莊公有些著急，催促軍師曹劌下令出擊。

曹劌卻說：「不用著急，當他們敲一遍鼓的時候，士兵精力充沛，精神激昂，等敲第二遍鼓的時候，士氣就已經有些衰減的跡象了；到第三遍鼓的時候，士氣就已衰竭了。所以，我要等到對方敲第三遍鼓的時候，才一鼓作氣攻擊。這樣，我方的將士正好發揮精力充沛的優勢，以逸待勞，哪有不勝的道理？」

這就是對「以逸待不逸」的詮釋，在具體的政治和商業活動中，領導者也應主動地、自覺地引用「以逸待勞」的戰法，要多動腦筋，沉得住氣，不應浮躁行事。

部屬的能力決定自己的競爭力

如果內部全是一群只懂巧言媚上、無所特長的庸材，不但影響員工的士氣，公司也會變得毫無競爭力。

《孫子兵法》裡說：「將能而君不御者勝。」

這裡強調的是，選才用人與上級下級在實際運作中的關係。

「將能」，即你所選擇的人選必須是恰當與合適的，不一定要求所選的人是完美無瑕的全才，因爲選人用將，知人善任才是最重要的。

「君不御」，也就是說君王不能對將帥的具體行動干預過多。

兵法有云：「將在外，君命有所不受。」

將帥在外作戰，必須靈活自如，察情觀變，即使是君王的命令有時也要棄置不理。在這方面必須要有主見、有識斷，因爲實際的狀況是複雜多變的，一眨眼的工夫，情勢就可能丕變，國君即使再聰明，也不可能把握和預見未來的形勢變化。

古人有云：「疑者不用，用者不疑。」

在人選問題上一定要仔細謹慎，用人得當，可以事半功倍；用人不當則會事倍功半，甚至把事情搞得一塌糊塗，這是第一層意思。

第二層意思就是，既然嚴格考察了你所用之人的素質和情況，那麼一定要放手讓他去做，你所要做的事情應該是替他排除阻力，搬開障礙，讓他大展長才，不要疑神疑鬼，處處設防。

在用人的時候並不是絕對「不疑」，而是不要毫無依據地胡思亂想，盲目猜測，這樣往往會造成適得其反的後果。

另一方面，又並不是絕對不防，主要是看你怎麼防。最理智的辦法應是經常溝通，隨時隨地瞭解他的心思、動態，解除他的顧慮，把一些在萌芽階段的矛盾或不和諧的觀點消除，不要等到「生米已煮成熟飯」再去溝通，那時實在晚了點。

溝通，意味著理解與關係的緊密度，更意味著彼此始終都處於掌握實際狀況的位置，所以，領導者對此不能不慎，更應當以此爲鑑。

關於這一點，我們再引用《孫子兵法》上的論斷來加以說明：「夫將得，國之輔也，輔周則國也強，輔隙則國也弱。」

從商業領域的情況來看，如果領導者得到能夠輔佐自己的助手，這個公司就能夠獲得較大的發展。如果內部全是一群只懂巧言媚上、無所特長的庸材，不但影響員工的士氣，公司也會變得毫無競爭力。

此外，一個削弱部屬職權的公司，一定有位獨裁的總經理，部屬的職權形同虛設，而且，這類型的總經理往往「事必躬親」，凡事都要插手操縱，公司就會變得混亂不堪，人心思變。

以智取勝，才是真正的領導高手

謀略可以以弱勝強、以少勝多，可以化劣勢為優勢，最終取得勝利。對於戰爭局勢而言，它可以扭轉乾坤；對於人本身而言，它可以改變你的一生。

最理想的用兵大計是以智取勝，上兵伐謀，鬥智不鬥力，將重點放在擾亂和摧毀敵人的智囊謀略上。

《孫子兵法．謀攻》中是這樣論述的：「故上兵伐謀，其次伐交，其次伐兵，其下攻城。」

用兵的上上之策，是識破並打亂敵方的作戰意圖和謀略，摧毀他們的智囊機構，其次是切斷敵國與其周圍國家的聯絡與交往，使之處於孤立無援的境地。最後才是與敵人進行正面戰鬥，以凌厲的攻擊取得勝利。

最愚蠢的下策則是爲了攻取城池而與對方進行消耗戰，此舉不但勞民傷財，本身犧牲鉅大，而且不一定有什麼好結果，經常得不償失。

在全球經濟的廣闊天地裡，領導者的謀略或策略往往是商務活動的依據和根源，在瞬息萬變的生活中，現在與以後的情況將變得如何，我們並不可能有百分之百的把握，更不能只靠主觀的臆測了。

《孫子兵法》所言「上兵伐謀」，運用到商場上，強調應事先調查好對手的市場經營狀況，以及他們的商戰原則和策略步驟，這樣方能對症下藥，採用適當的策略反擊，一舉將對手擊潰。

很多時候，謀略可以以弱勝強，以少勝多，可以化劣勢爲優勢，最終取得勝利。對於戰爭局勢而言，它可以扭轉乾坤；對於人本身而言，它可以改變你的一生；對於企業界的領導者而言，它可以使你在商海來去自如；對於政界的各級領導人來說，它可以使你威信大增、聲譽日隆。

一提起計謀，很多人都會想起《三國演義》裡的「空城計」。

當時諸葛亮揮師傾巢出動，只留下幾十個老弱病殘守一座空城，忽然接到有十萬魏軍來攻城，蜀軍老弱病殘，敵人強悍盛大，如此懸殊的實力要如何頡頏？

只見諸葛孔明將數十老弱病殘分爲兩組，沿城門兩邊一字形排開，自己則在城樓上撫弦彈琴，當司馬懿十萬大軍殺來，看見城樓上的諸葛亮如此泰然自若，而且在兵臨城下的時候還氣定神閒，反而不敢再進一步。生性猜疑的司馬懿仔細思量後，即刻下令十萬大軍全部後撤，放棄進攻。

直到他弄清楚諸葛亮的計謀時，卻已後悔莫及了。這正是古代軍事史上以少勝多、以弱克強的著名戰例。

這裡再提一個弱者善用智慧化險爲夷，轉危爲安的寓言故事。

很久以前，兇狠狡詐的狼一心想吃掉狐狸，牠想來想去最終都想不出好法子，有隻自作聰明的公雞，便自告奮勇地要幫助牠，只見公雞到狐狸哪兒，謊稱狼已經死了，請狐狸前去觀看。

聰明的狐狸來到狼的臥室，遠遠地看了一眼，接著說：「我聽說，狼死了以後嘴都要張開，可是這頭狼死了嘴卻還閉著，眞是奇怪。」

睡在床上的狼聽狐狸這麼一說，沉不住氣，就把嘴慢慢地張開，以證明自己是眞的死了。

狐狸見到狼的嘴張開了，知道牠根本沒有死，完全是騙人的詭計，於是就飛也似地跳出門去。

「君子鬥智不鬥力」，強調眞正的領導高手要懂得以智取勝的要訣。而「上兵伐謀」則包含了兩方面的意思，一是自己必須以智勝敵，善用計策，不戰而屈人之兵，不動一兵一卒而使敵人降服，這才是眞正的領導高手。

另一方面，則是在攻擊敵人的時候，要集中力量和智慧破壞敵方的謀劃，不讓敵方的計謀得逞。

在競爭中要提防諜報活動

任何微妙之處，都會用上間諜。要有防人之心，尤其是在激烈的競爭當中，更要嚴防對手不擇手段的諜報活動。

一個優秀的領導統御高手，常常以正攻法作戰，而以奇兵之法而大獲全勝。所以，那些善用奇策、善出奇兵的領導者，往往能在競爭之中左右逢源，如魚得水，游刃有餘。

爲了理解「以正合，以奇勝」的戰法，我們來看看在第二次世界大戰中，那次舉世注目而又激動人心的大戰役「諾曼第登陸」，指揮這場戰役的是當時的盟軍總司令，也是後來的美國總統艾森豪。

當時，在美、英、法幾個大國首腦斡旋下，決定組成一支聯軍，渡過英倫海峽，從法國北部的諾曼第登陸，然後在德國的西部戰場開闢一個新的作戰區域，這樣就可能加速戰爭的進程，早日結束戰爭。

聯軍的總司令由美國著名軍事家艾森豪將軍擔任，他充分考慮到，如果德國軍隊有所防備而佈下重兵，那麼聯軍在歐洲西部登陸將傷亡無數，甚至因此而喪失這場戰爭的主導權，德國則可能反敗為勝。

最後，他決定使用「反間計」迷惑德國。

按照艾森豪的計劃，盟軍總部找來一具屍體，穿上聯軍軍官的衣服，還配上證件，然後將屍體悄悄扔到德義兩國控制的地盤上。

不久，德義軍隊發現這具屍體，並從他身上搜出一封信。他們相信這位軍官是美國軍隊某海軍中隊的中尉，極可能是在執行任務中不幸落水身亡。那封信已很難辨認，後來經過技術處理，才知道是一封極為重要的機密情報。

信上大意是，聯軍打算在地中海的西西里島登陸，然後由此北攻義大利，之後再往北推進，與蘇聯紅軍進行夾攻，一舉擊潰德國。因此，德軍研判，這位死亡的中尉正是在接到上司的密令，前去考察地中海沿岸的地形時不幸落水遇難的。

一切都在艾森豪的預料之中，這封密函很快被送往希特勒手上，但是聰明的希特勒確實非等閒之輩，並沒有輕易地相信這封來歷不明的信，不過，也不願輕易放過這個情報。

他命令情報機構儘快查出眞相，弄清這封信的可信度。

機智過人的艾森豪將軍，也立即請有關人員及時地在聯軍的軍事通訊簡報上，登上這位中尉在考察地形時遇難的消息。德國軍方經過查證，很快地便相信這位中尉的身分，並上報希特勒。

於是，希特勒決定將大量軍隊駐防在地中海沿岸，以防聯軍在西西里登陸，而在此時，艾森豪將軍則做好了諾曼第登陸的準備。登陸戰役展開之後，希特勒才知道自己上了大當，想在短時期內重新進行戰略部署爲時已晚。

諾曼第登陸戰役的重大勝利，讓盟軍吹響反攻號角，也決定了法西斯德國和希特勒的潰敗。

一招「反間計」，完全改變了一場舉世注目的戰局的命運，同時也證明了戰術必須屢屢出奇招，才有致勝的可能，只要善用奇策，就能改變困頓的戰況。雖然這種謀略的方式，可以運用在彼此競爭的公司間，但是，非到萬不得已，不要把它用來對付自己的同事、自己的上司和下屬。

在軍事或政治、商業行動中，有一種身分特殊、行事神秘、專門蒐集情報的人物，我們稱之爲間諜，而各種不同類型的間碟，會進行不同的諜報活動，其中尤以反間最爲大家所熟知。

所謂「反間」，是指收買或利用敵方派來的間諜爲我方效力。

在諜報戰中，沒有人比間諜和統帥的關係更密切，沒有人比間諜更瞭解事情的來龍去脈。

但是，統帥若不是才智過人，也無法將間諜辛辛苦苦收集起來的情報運用於作戰。如果統帥不是個仁義寬厚的人，間諜也不會爲他賣命，而且還有可能反戈一擊，向敵方投誠。所以，若不能做到用心精細、手段微妙的人，就不能分辨出間諜取得的情報是眞是僞。

任何微妙之處，都會用上間諜。

事實上，諜報活動不但出現在各個領域的激烈競爭上，也或多或少出現在我們的日常生活和工作場合。

不過，從另一個角度來說，如果你用這種方法來對付自己的同事，那麼你的人際關係恐怕會有很大的問題。

一個人際關係很糟糕的人，是沒有多大希望晉升領導階層的，更不要說成爲什麼領導統御高手了。

一如《紅樓夢》中，那個聰明潑辣的王熙鳳，便可說是聰明絕頂，然而聰明過頭的她，卻把聰明才智誤用到家人的身上，所以《紅樓夢》說她「機關算盡太聰明，反誤了卿卿性命」，不正是聰明反被聰明誤的最佳寫照？

不過，這也提醒我們要有防人之心，尤其是在激烈的競爭當中，更要嚴防對手不擇手段的諜報活動。

不知變通將導致失敗

你能否將最高決策立即有效地付諸運作，便是你成功的重要關鍵，只要能做好這些工作，你自然有著真正領導高手所應具有的基本素質。

在近代中國社會中，哪一種積弊不是由於古板守舊、墨守成規造成的？哪一種改革的阻力不是來自於傳統的習俗和習慣勢力？

光緒末年，清廷曾有意變法圖強，但是，當學習西方的「洋務運動」推動後，卻受限於中國上下頑固勢力的巨大阻力，令自己步伐停滯，不僅維新失敗，還弄到亡國的地步，這更說明了變通與跟上變化的重要性了。

由於清廷積弱不振，在位者沒有改革的魄力與決心，當時的洋務只能勉強維持，步履相當艱難。

例如，爲了學習西方的先進科技，洋務派打算設立天文算學館，吸收全國各地優秀的生員報名前來就讀，但是計劃推出之後，由於封建頑固派的強烈反對，天文算學館只好作罷。

當他們又想發展工業企業，開礦修路時，保守派又阻止說，這樣會破壞風水，會惹來老天爺的發怒。這些在風氣未開的社會環境中，老百姓也是如此認爲。

這些泛黃的歷史，如今在我們看來實在荒謬可笑，然而卻提醒我們，很多時候，一個領導者要如何兼顧革新的腳步與守舊力量的制約及影響。在進行變革的時候，領導者要小心翼翼地帶領大家拋開成見，去除陳腐觀念，以適應瞬息萬變的時代，才能有效地成就一個嶄新的未來。

如果你是一位行政主管，卻缺乏決心與魄力，做事缺少變化，不善於分析和辨別新出現的各種因素，並及時採取相應的對策，那麼你將失去下級的尊重，以及發展自己的機會。

如果你是一位商界經理，卻不善於適應變化無常的市場，你的節奏總是比其他人慢了一拍，你的情報不是來自於前沿，而是來自於衆所周知的「馬路消息」，那麼，你就要做好隨時遭到撤換的心理準備，不必存著僥倖的念頭，因爲這對你而言，只是時間早晚的問題。

高手與一般人的區別並不大，但不同的是，他們對於現實環境的變化，具有相當敏銳的洞察力，能快速地調適自己向目標邁進的步伐，因此在競爭中很容易和一般人分出高下。

所以，你能否將最高決策立即有效地付諸運作，便是你成功的重要關鍵，只要能做好這些工作，你自然有著眞正領導高手所應具有的基本素質。

將人才擺在最適當的地方

人總難免會有缺點，一旦發現一個人的缺點，往往就會忘記他的優點；人難以十全十美，用人主要用他的長處。

古人說得好：「非知人不能善其任，非善任不能謂之知」，意即不瞭解人才、不認識人才，就不能妥善地使用人才。換句話說，不能有效地使用人就是不瞭解人才。不能識人，勢必不能知人善任。

所謂「知人」，就是觀察、選擇人才的過程。

所謂「善任」，就是正確地使用人。

「知人」與「善任」之間是辨證的關係，「知人」是「善任」的前提和基礎，「善任」是「知人」的延伸與深化。

如果能識別人才，又何必擔心沒有可用之才呢？

春秋戰國時期，衛國人寧戚想到齊國投靠齊桓公，因爲路遠家窮，於是租了一輛牛車，沿路做些小生意，經過千辛萬苦才到了齊國。

寧戚到達齊國已經是夜晚，由於沒錢住旅店，便在城外躺著，準備等到天亮再入城。這時，恰逢齊桓公出城迎接客人，寧戚見了，爲了引起他的注意，連忙敲擊牛鼓，高聲唱著悲歌。

齊桓公聽了，對左右說：「這個唱歌的人，不是尋常人也。」於是便把寧戚請回城中。

回到宮裡，齊桓公以上賓之禮款待寧戚，並且與他談論治國稱霸之事。談到治國之道時，寧戚勸齊桓公先統一思想，做好團結內部的工作。

第二天，齊桓公要任命寧戚官職時，其他謀臣卻有人表達反對意見。但齊桓公慧眼識英才，仍然決定重用寧戚。

齊桓公是春秋五霸中的第一個霸主。他之所以能稱霸諸侯，主要原因就在於他能知人而善任，大膽提拔有才有智之士。他從寧戚的悲歌當中，聽出寧戚非尋常之人，與他交談後，知道他胸懷治國之奇才，最後方能力排衆議，委以重任。謀臣見寧戚初來乍到，齊桓公就打算加以重用，認爲決定有失愼重，主張先調查他是否爲賢才，然後再做進一步打算。

這是一般人的用人準則，並無可議之處。然而，齊恆公卻有自己獨特的見解，他之所以不加以調查，自有他的理由。因爲，人總難免會有缺點，一旦發現一個人的缺點，往往就會忘記他的優點；人難以十全十美，用人主要用他的長處。齊桓公既然已經發現了寧戚有輔助他治國稱霸的雄才，就不想計較他可能具的小缺點了。

後來的事實證明，齊桓公沒有看錯寧戚。寧戚負責農業方面的職務後，齊國的農業生產大大發展，國家日富、兵馬日強，爲齊桓公日後稱霸天下，奠定了雄厚的經濟基礎。

PART 2

優秀的領導者要以身作則

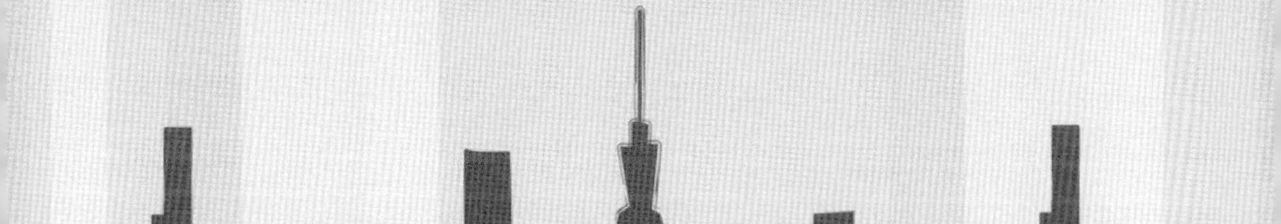

所謂身教重於言教，領導者身先士卒並不是只用嘴說說而已，而是表現於能不能以身作則。

有膽識，才能開創大業

一旦人身處絕境，就有可能將體內和意識中的潛能一下子釋放出來，產生奇蹟般的自衛能力，造成令人難以置信的神奇效果。

拿破崙曾說：「如果你是一個不想當元帥的士兵，你就不是一個好士兵。」這番話強調，一個不想當領導高手的幹部，絕不是一個好幹部，領導高手的重要指標，就是創建一番令人矚目的業績。

不過，領導高手絕不是自己封的，一個業績平平的幹部，不管從哪個角度來看就是一個無所作爲的幹部。

不同凡響的業績是當一個領導高手基本的條件，想要成爲領導高手或管理高手，就必須下定決心，擬定策略後大膽行動，就算不能驚天動地，也能充分展現作爲一個強人的精神風貌。

世上沒有從天而降的黃金，也沒有不勞而獲的榮譽，要成爲一個領導高手，不但要有雄才大略，而且還要有強大的動力，而這種強大的動力，往往是來自於一個領導者的危機意識。

危機，是指客觀存在的，對我們的現狀或生存構成威脅的事物和狀況。

那麼，當一切平穩順利、沒有客觀存在的危機的時候，我們賴以前進的動力就隨著消失了嗎？

當然不是，領導者要強調「危機意識」的重要性。

它包括兩層要點：

第一層，在客觀的危機消失或暫時沒有出現的時候，仍然要保持「臨戰狀態」，絲毫不能鬆懈。第二層，要隨時準備應對即將出現和突然出現的危急因素，要盡最大努力使現存的各種因素（主觀的和客觀的）向著有利於自己的那一方面轉化，防止它們朝向有害於自己的方面走去。

這兩層要點是不可分割的，任何只強調一面而忽略另一面的做法，都將給領導者的事業和人生帶來消極的影響和後果。

秦朝末年，項羽率軍追擊秦軍主力部隊，他抓住時機，決定在黃河以北的河套平原一帶與秦軍一決雌雄。

而當時的情況是，秦軍在人數和戰鬥力上遠遠超過項羽的部隊，這是一場攸關生死存亡的戰爭，交戰時候驚天地而泣鬼神的場面是可想而知的。

面對殘酷的現實，項羽沒有退縮，爲了顯示他必勝的信念，同時也爲了讓部屬們明白此戰的重要性，他率軍渡過黃河之後，即下令毀掉回程渡河所需的船隻，拋棄所有裝備，只帶有限的餘糧前去迎敵。

大家心裡都非常明白，此次戰役不僅關係到整個軍隊的命運和前途，也關係到自己的生死存亡。

如果勝利，便意味著秦王朝將壽終正寢，一個新的時代和紀元就將來臨。但是如果失敗了，那麼這個軍隊也將蕩然無存，個人也絕無生存的可能，因爲秦軍的元帥是一個異常殘暴的將領，對付戰敗的敵人和俘虜就是一律處斬。

當時，大家對秦國與趙國的長平之戰記憶猶深，當時秦國東擴，欲兼併趙國，趙國軍隊雖然殊死抵抗，但由於實力懸殊，終於戰敗，秦國俘獲趙國士兵四十萬，秦始皇下令將此四十萬人全部活埋。

所以，項羽部隊的將士們非常清楚自己的處境，戰敗就意味著死亡。到達戰場，奇蹟終於誕生了，項羽的將士奮勇向前，以一當十，同仇敵愾，一舉在鉅鹿將秦朝的主力軍隊殲滅，使彼此的力量發生具有歷史性意義的變化，攻下秦國首都咸陽只不過是時間的問題。

任何公正的歷史學家都會承認，此役對於推翻秦王朝立下大功，儘管最後坐皇位的不是楚霸王項羽，而是劉邦。

這個故事說明，一旦人身處絕境，就有可能將體內和意識中的潛能一下子釋放出來，產生奇蹟般的自衛能力，造成令人難以置信的神奇效果。

充滿危機意識才能面對挑戰

真正的快樂是在逆境奮鬥之中而獲得的，能夠明白這個重點，領導者才能真正瞭解克服危機和險境的實質精神。

美國前總統亨利·杜魯門曾經寫道：「有領導能力的人，能夠讓部屬喜歡做他原本不想做的事。」

一個成功的領導者必須知道如何激勵部屬的熱情和鼓舞部屬的士氣，即便這些激勵和鼓舞的言詞全部都是謊話，也必須說得跟眞話一樣。

《孫子兵法》中曾提到「哀兵必勝」，項羽在鉅鹿之戰時所展現的破釜沉舟決心，就符合了這一法則和規律，而這種「危機意識」，對一個領導者，甚至一個企業的生存和發展也是必要的。

運用「哀兵策略」之時，在實際工作和行動中，要注意客觀的認知和理性的操作，要儘量避免盲目和蠻幹。

一味地相信自己能幸運戰勝一切困難，能解除一切問題，這不是自信，而是一種愚昧的表現。

任何脫離實際，不顧時間、地點和條件的行爲，都可能預示著災難性的後果，而且是始料不及的災難後果。

無論是個領導人還是團體、企業，遭遇困難的時刻，也正是發揮最大潛能的時刻，因此，縱使遭遇到最艱苦的處境，也不要因此而沮喪，反而應該拿出超乎尋常的勇氣，設法突破重圍，渡過難關。

日本著名的山多利酒廠，在威士忌酒非常賺錢的時候，又順勢推出啤酒，這是因爲公司的佐治董事長，在公司運轉得非常順利、員工意氣勃發時，卻懷著危機意識，多方尋求出路而開發的新產品。

就在山多利酒廠推出啤酒之前，日本的食品業界進入「三分天下時代」，當時的市場主要由三家公司所瓜分，其中一家名爲壽屋的公司，當時是出了名的難纏公司，就連這家公司的員工也一副趾高氣揚的姿態，對待顧客也是愛理不理的。票據方面的條件嚴格，傭金的支付也很吝嗇，完全沒有一個讓人稱讚的地方。

只要公司的狀況有所好轉或一直繁榮茂盛，企業的領導者和員工們就容易得意忘形，產生驕傲情結，把過去創業的艱辛拋到腦後，佐治董事長對於這種現象非常瞭解，也一直把壽屋當成自己的借鏡。

因此，他能夠洞察別人不以爲意的潛在威脅，充滿危機感和緊迫感，他想要讓公司能永續經營，然而員工們的錯誤觀念，卻讓公司陷入危機當中。

當時才就任董事長不久的佐治先生，已經覺察到問題的嚴重性，他不甘於做一個按部就班、墨守成規的領導者，而是想要有所作爲。

爲了讓員工們瞭解公司當前的處境以及危機的潛在挑戰，激起員工們的危機意識，使他們精神振奮，不斷賣力向上，佐治先生以更加嚴謹的態度和方法來管理和經營這個企業。

他隨時隨地都在提醒自己，不斷給自己提出更高更好的要求和目標，他相信，只有企業上上下下的人都和自己一樣，具備勇往直前的進取精神，這樣企業才可能保持活力，員工們才能保持進取心態。如果做不到這一點，那麼公司的發展和內部活力便會消失。

爲了做得更好，領導者和企業不但要有良好的管理方法和嚴格的管理制度，更要有備無患的精神狀態和飽滿的熱情。除此之外，還要有自己的「企業文化」，以「形而上」的精神風貌來作爲精神動力。

無數的事實和經驗證明，那些取得成功的企業，往往都具有自己特殊的人文精神和企業文化，而且這種人文精神和企業文化是長時間有意識地引導和培育起來的，並不是突然從天上掉下來的飛來之物。

這種人文精神和企業文化一旦確定下來，就會成爲一種相對獨立的存在力量，對企業的發展產生巨大的作用，它是一個企業取之不盡、用之不竭的精神資源，從而長期而有效地支援企業持續、穩定地發展。

相形之下，那些缺乏企業文化和精神動力的企業，往往不是曇花一現，就是幾年之後便成過眼煙雲，更不要說在市場上與別的品牌一決高下了。

作爲一個企業的領導者，最重要的工作就是建立蓬勃向上的企業文化，如果沒有意識到這點，成天忙於繁雜的事務，再多的犧牲都不值得。

與逆境抗爭，與困難拚搏，就能找到生命的價值和意義所在，這一度成爲一些有影響力的大企業的精神風貌。企業經營狀況好，能夠獲得高額利潤固然重要，然而更爲重要的，在於與命運抗爭，敢於向種種外在危機和困難宣戰，從而在實際的鬥爭中獲得寶貴的勝利。

如果我們一味地認爲，人生來就是爲了追求人生的快樂和幸福，那我們將失去一些極爲珍貴的東西，儘管追求人生的快樂和幸福也是人生的重要意義，但它卻不是人生意義的全部。

眞正的快樂是在逆境奮鬥之中而獲得的，能夠明白這個重點，領導者才能眞正瞭解克服危機和險境的實質精神。

優秀的領導者要以身作則

所謂身教重於言教，領導者身先士卒並不是只用嘴說說而已，而是表現於能不能以身作則。

平常高聲大嗓、表現得很豪爽的人，一旦面臨生死存亡的關頭，說不定就會變成一副狼狽不堪的樣子，平常刻意掩飾的缺點，在這個時候就會原形畢露。

拿破崙說過一句頗有哲理的名言：「一頭狼率領的一群綿羊，可以打敗一頭羊率領的一群狼。」

一個語言上的巨人、行動上的侏儒，完全不配成爲員工們擁戴的對象，員工們所眞正期待的領導者，必然能夠在非常時期表現得與衆不同，臨危不懼，果斷機智，善於迅速採取必要而有效的應對措施的領導人。

這種領導人不一定是一個出類拔萃的強者，但卻必須是一個能得到大家信賴，員工們願意爲他兩肋插刀的人。

有個動物園曾進行過多項很有啓發意義的試驗，其中一項是，該動物園飼養部的員工套上獅子皮裝扮成獅子，進攻黑猩猩的群落。

黑猩猩剛開始覺得害怕而哀號，但是不久，黑猩猩的首領就抓起身邊的棍棒開始抵抗，揮舞著棍棒，勇敢地向獅子挑戰。

其實，猩猩的首領自己也很害怕，但牠卻沒有逃離危險，置同伴而不顧，這就是牠能成爲這群猩猩的首領的原因所在。如果牠在此時臨陣脫逃，失去的將不僅僅是首領的位置，還將爲群體鄙視，這就是身先士卒的含義。

也就是說，無論是動物世界還是人類世界，領導者最重要的任務就是要滿足部屬的期望和意願。

所謂身教重於言教，領導者身先士卒並不是只用嘴說說而已，而是集中表現於能不能以身作則。

知行合一，從古至今，無論是思想家還是哲學家都非常注重知與行的統一。

明代理學的代表人物王陽明就建立了一個理論，強調「知是行之始，行是知之成」，知與行是同一過程的兩個方面，行離不開知，知也離不開行。

離開了知的行，只能茫然不知的瞎摸亂撞，像無頭的蒼蠅一樣；離開行的知，也只不過是「冥想」和「虛妄」而已。整天在那裡唸經打坐，而不付諸實際行動，也沒有什麼意義，即使知得再多也是不知，不是嗎？

對於領導者和企業的經營管理階層而言，知和行的統一主要表現在，親自帶頭行動，做出模範的表率。

日本本田汽車公司的創始人本田宗一郎，以對人專橫粗暴而聞名，只要一看見員工們有什麼不對的地方，拳頭就會立即揮過去。有時，員工雖沒有做錯什麼，但只要是照樣畫葫蘆，沒有一點創新的人，同樣會遭到一頓打。有的人挨打後還不知道是怎麼回事，認爲他大概是發瘋發狂了，但事後本田宗一郎還是會告訴被打員工，他爲什麼挨打。

由於一般都是下意識動手的，所以事後本田宗一郎會馬上反省，但也只不過在臉上稍微有一點對不住的表情而已。

儘管本田宗一郎如此，年輕的員工並不討厭和憎惡他，反而更佩服他的表率作用，原因就在於本田宗一郎總是自己率先做最爲棘手的事情和最苦的工作，這樣親自做示範，就等於無聲地告訴其他人：「你們也必須像我這樣去做。」

在一九四八年，也就是藤田武夫進入公司的第二年，有一天，爲了談一宗出口生意，本田宗一郎和藤田武夫在濱松一家日本餐廳裡會見一外國商人。

外國商人不小心在廁所裡弄掉了假牙，本田宗一郎聽了，二話不說就跑到廁所，親自用木棒，在糞池裡小心翼翼地慢慢打撈。找到之後，他還自己清洗乾淨，並做了必要的消毒處理，才交給那位外國商人。

這件事令那位外國商人非常感動，而藤田武夫也目睹了這一切，認爲他可以一輩子與本田合作下去。

有多少領導者會做那些的事，一定有人會說教清潔員去做就好了，但是，那眞的用錢就可以打發的嗎？

本田宗一郎其實很討厭這樣的想法，所以他不願假手他人，自己便進到糞池裡親自打撈。人們也由此看見了在金錢面前，誰是高尚的，誰是渺小的。

領導人的效率是衆人的效率，稱職的領導人要以身作則。

打個比方說，領導者應該對自己的業務瞭如指掌，絕對不應該一問三不知，這項工作其實並不複雜，它只是一個如何做準備工作的問題。

只是，令人遺憾的是，許多爲了晉升到領導階層而努力工作的人，一旦眞的如願以償以後，便會開始產生嚴重的惰性。

此外，部屬往往模仿上司的工作習慣和修養，不管這些習慣、修養是好還是壞。假如，一個領導者常常遲到，或吃完午飯後遲遲不回到辦公室，打起私人電話也是沒完沒了，不時因喝咖啡而中斷工作，一天到晚眼睛盯著牆上的掛鐘，試問，他的部下又會多麼賣命？

身爲一個領導者，職位越高，越應重視給人留下適當的印象，因爲領導者總是處於衆目睽睽之下，所以你在採取行動時務必要考慮到這一點，以身作則，過不了多久，你的部下就會照著你的樣子去做。

簡要言之，以身作則不僅是一種工作作風的問題，而且也往往是領導者的工作取得進展和事業成功的關鍵因素所在，對此應有高度的重視。

面對困境，更須描繪美麗遠景

領導者必須掌握和準確認識鼓勵與壓力、動力與信心的法則，缺少一個就不能維持運作，而且陷於癱瘓的境地。

日本大榮百貨公司的中內董事長，領導企業在競爭極為激烈的零售行業中獨佔鰲頭，擁有自己的一片天地，精髓正在於他對人生意義和價值的認知。

中內曾在菲律賓親身經歷過殘酷的戰爭，當時他奉命進攻澳大利亞等國的陣地時，被對方的一枚手榴彈擊中，身體受了重傷而昏迷，差點死去。

雖然，他後來奇蹟般地撿回了一條命，但是在物資極其匱乏的戰時，既沒有醫藥品，也沒有糧食，他只能吃長滿了蛆的小牛屍體，燃燒被廢棄的輪胎來煮野菜，連牛皮做的靴子也被拿來煮了吃。

當時，凡是能餬口的東西幾乎都被往嘴裡放，同伴們爲了搶一點可憐的食物，甚至互相殘殺。

只要是自己肚子餓了，人什麼事情都可能做得出來，只要自己一打瞌睡，就可能被其他人宰了當食物吃，然而不睡覺又無異於自殺。

究竟要被殺，還是要自殺，這種想法一直困擾著每一個活著的人，使得同伴之中除了自己之外無法相信任何人。

諷刺的是，在這種無法相信別人的情況之下，求生存的唯一辦法就是選擇相信別人。置身在絕對不能相信別人的情況中，卻被迫非得相信別人不可，中內先生就在這種困惑中睡著了。

中內先生體會到，從對人性的不信任到恢復信任，在這種矛盾的心情中，反而讓他看見了人生的眞理。

樂天的中內先生，在這個時候深刻地體會到，人在不得已的情況下，什麼事情都可能做得出來。也因爲這分體會，他決心闖出一番人生事業。

中內先生歷經了血與火的洗禮，經歷了人性中最陰暗一面的磨難，卻也增長了別人難以獲得的智慧。

他沒有因爲看到了人類的醜惡而厭倦這個世界，由於對人性沒有失去信心，讓他從中獲得了深刻的啓發，認識到什麼是人生，什麼是人生的終極意義，自己在追尋這種終極意義時應當如何對待人生。

中內先生深深地體會到，只有採取積極而非消極的態度，人的鬥志才能更加根深柢固，人的潛在能力才能夠得到無限發揮。

面對強者如林，而又危機四伏的零售業市場，中內先生加入戰圈之後並沒有退縮，也沒有害怕。他清醒地認識到，既要清楚地認識人性，也要積極地利用人性中有利於解決問題和克服困難的各種因素，只有如此，才能找到自己事業成功的切入口和突破點。

由於大榮公司發展的基礎是「需要的創造與人力的開發」，他花了大量的精力在培育該企業的創造精神和人力資源的調動上。

大榮所培育出來的人才，必須在變化多端、捉摸不定的市場環境中，能夠面對阻力、遭受挫折，即使陷入困境也能毫無懈怠，並能冷靜地思考，全力應對，以智取勝，達到轉危爲安、化險爲夷的目的。

這是大榮公司的生命源泉，中內董事長創造了這樣一個充滿挑戰性的環境，爲的就是要培育人才。

在他看來，最能向時間挑戰的人，就是最具有挑戰性的人，年輕人需要在充滿挑戰的戰場上加以鍛鍊。

因此，在向員工描繪一幅美麗遠景的同時，更爲重要的就是建立一種直接面對危機的環境。從直接面臨困境和危機的那一刻開始，就要有充分的思想準備，產生勇往直前的衝勁，勇敢地面對任何挑戰。

所以，領導者必須掌握和準確認識鼓勵與壓力、動力與信心的法則，它們也可以說就像鳥的兩翼、人的兩腿，更像車的兩個輪子，缺少一個就不能維持運作，而且陷於癱瘓的境地。

沒有一定的壓力和生存競爭，就不能有效地剷除惰性，發揮人內在神奇的潛能；沒有遠景的誘惑，人就會喪失奮鬥的目標，在這樣的情況下，無論一個領導者有多大的能力，都很難讓公司有任何遠景的。

因此，領導者必須清醒地認識，如果只強調危機和危機意識，而荒廢和忽略了遠景，除了會給員工的心理蒙上一層陰影之外，不會帶來任何積極的效果。

意志消沉的隊伍是不會有什麼作戰力的，更遑論在「物競天擇，適者生存」的市場和人生中取得勝利。

情況往往是如此，面對危機和困境，能激發突破的勇氣和信心，通常是美好前景的誘惑力所致。

不同的人用不同的激勵

要激勵屬下發揮特長的一個有效方法就是嘉獎，要想屬下為你賣命，不僅要給予他信任感，還要適當地給予獎勵。

唐宋八大家之一的蘇洵在《諫論》中舉了一個有趣的例子。有這麼三個人，一個非常勇敢，一個有點勇敢又有點膽小，一個人非常膽小；然後，他將這三個人帶到谷邊，對他們說：「能跳過這淵谷的人才勇敢，不然就是膽小。」

蘇洵說，在這種狀況下，那個非常勇敢的人以膽小為恥，必然能跳過去，但那個有點勇敢又有點膽小和非常膽小的人卻不可能跳得過去。

之後，他又對剩下的兩個人說：「能跳過這淵谷的，就給他一千兩黃金，跳不過的就不給。」蘇洵說，那個有點勇敢又有點膽小的人爲了贏得獎金，必然能鼓起勇氣，跳過淵谷，但那個非常膽小的人還是跳不過去。

蘇洵說，如果這時突然來了一隻猛虎，兇猛地撲了過來，那麼，就不用再提供任何獎賞，那個非常膽小的人一定能跳過淵谷逃命去。

從這個例子可以看到，想要求三個人去做同一件事，就需要用三種不同的方式來激勵他們，如果只用同一種方式，顯然是不能使三個人都動心的。用人也是如此，對待不同的下屬就要採取不同的態度和方法。

下屬最主要的心理需求是得到領導者的肯定和信任，如果領導者能看重自己，下屬就會有一種被信任、被肯定的滿足感，並感念你的知遇之恩，定當竭盡全力為你賣命，會更積極、更主動地投入工作之中。

但得不到領導者信任的屬下，因為無法從工作中得到肯定，往往會鬧情緒、渾水摸魚，有時甚至會跟領導者唱反調。

我們經常聽到，有人會開玩笑地說：「我最怕被上司信任了，因為他一旦信任我，我就得為他賣命了。」

但事實上，這話中流露的不是恐懼，而是一種被承認的快樂與自豪。

由此可知，信任不僅可以成爲下屬積極工作的動力，還可以讓下屬覺得你是可親可敬的，使你們之間的關係更融洽。所以，要激勵屬下發揮特長的一個有效方法就是嘉獎，要想屬下爲你賣命，你不僅要給予他信任感，還要適當地給予獎勵。

即使屬下只是完成一件小事，也要表示感謝和嘉獎，這樣會讓下屬更有成就感，更願意跟著你做事。相反的，如果屬下有所表現，你卻不給予獎勵，那他之後做事時，原本的主動性就會大打折扣。因爲他會想，即便達成了，還是得不到上司的肯定和嘉獎，那也就沒有什麼好努力的了。

不論是物質上的獎勵或是口頭上的表揚，都會使下屬產生很大的工作熱情，尤其是當著衆人的面表揚下屬，效果會更加強烈。

當著衆多同事的面表揚某位下屬，會給他很大的滿足感，同時也會讓他覺得，如果自己之後沒有更加努力就辜負了上司的信任與重視，同時也怕同事們以爲自己驕傲了起來，所以在這種情況下，他就會更加拚命工作。

重視部屬存在的價值

一個優秀的企業家，只有做到了讓員工們認識到自己的存在價值，和具備了充足的自信之後，才有可能把事業推向新的頂峰。

一個領導高手，要想成就一番事業，還必須懂得凝聚和發揮集體力量的駕馭之術。再怎麼能幹強勁的人，如果離開了群體，離開了集體的智慧和能量，都不可能有所作爲，這幾乎已成爲人們的共識。

當然，如何利用和發揮這種群體的力量，如何駕馭下屬並使他們呈現出最好的工作狀態，方法是多樣的。

在英國，有些公司有比較優厚的福利待遇，然而最有效率的馬克士·斯茲賽零售公司卻與衆不同，它有系統探討的是那些影響到員工行爲的「激勵因素」。

這些因素包括尊重工作人員，注意工作人員的實際困難，承認和鼓勵工作人員的貢獻，經常培訓工作人員如何發揮他們的才能。

該公司堅持以身作則的作風，對員工給予照顧和關心，公司的創始人米朵．馬克士說：「只要把人放在第一位就不會失敗，做賺錢的事也這樣。」

因此，在這二百年中，馬克士．斯茲賽這個大公司，沒有發生過行業連鎖效應的大爭端，在營業額、盈利、生產、管理和改造方面毫不受外界干擾，業務蒸蒸日上，這確實件了不起的事，也深受欽佩和羨慕。

此外，馬克士．斯茲賽公司沒有工會，是它的最大特色之一。

這項有別於英國其他企業的情況，並不是因爲該公司反對工會，只是馬克士相當強調人際關係的管理，所以員工並不需要工會，自然能有非常好的工作環境來保護他們的權利。

該公司的一個董事說：「我們照顧關心員工，並不僅給予福利。」

這也就是說，照顧員工才是企業和經理的目的，福利只不過是手段而已，出發點是眞誠的關心員工。

為了優先關心員工的福利，該公司根據實際情況採取各種的措施，有不少超過了其他競爭公司給的福利。

該公司成立了福利委員會，定期召開例會，從來沒有中斷過，每周平均討論八件事，大多涉及員工和他們的家屬，如貸款、補助金、長休假、減少工作時間……等等，有時還提供法律性或醫務性的諮詢與幫助，儘量做到工作細緻入微。

福利委員會有一個令人注目的特點，那就是預算不設上限。

該委員會由九人組成，都不是董事會成員，但卻有充分的自主權來處理一些困難和災難性事件，他們做出的決定和決議，很少遭到拒絕和否定。

所以，從某種意義上來講，福利委員會為員工們提供了一個安全網，無論有什麼困難，也無論困難的程度如何，都不會無人相助，福利委員會對百分之九十的事都可立即做出決定。

在任何情況下，對所有的事都能儘快加以處理，並通知每個人，或者告知幾天內會有結果，因此，公司為有這樣一個委員會感到驕傲。

所以，有人這樣斷言：「對領導者來說，唯有關懷下屬，才能戰無不勝。」

美國的馬特公司如今已有二萬六千餘名員工，在美國零售業中位居第四，七〇年代期間，該公司的銷售總額從四五百萬美元增長到了十六億美元，商店分店從開始的十八家增長到了三十家。

該公司的總經理山姆．沃爾頓關心他的員工，由於他的堅持，幾年來所有的經理人員都使用上頭有「我們關心我們的員工」字樣的鈕釦，該公司員工都被稱爲「合夥人」，而不是僱工或僱員，至於山姆．沃爾頓本人也非常善於傾聽下屬和員工的意見和建議。

他說：「關鍵在於分部商店，聽一聽每個合夥人要講的是什麼，那些最好的主意和辦法都是員工們想出來的。」

於是，沃爾頓的故事也就成了傳奇，美國《華盛頓郵報》就曾報導：「幾星期前一個晚上，沃爾頓先生夜不能寐。他起床到外面一家通宵營業的商店買了些東西，清晨二點三十分時，他帶著這些點心來到發貨中心，與那些剛從裝卸碼頭上回來的工人聊天，結果，他發現這裡至少還需要兩個淋浴間。」

令人驚訝的還不是這個故事本身，而是這樣一個擁有二十億美元資產的企業領導人是那樣地關心他們的員工。

因此，員工們親切地稱他爲「山姆先生」，而不是稱總經理。

一個優秀的企業家，只有做到了讓員工們認識到自己的存在價值，和具備了充足的自信之後，才有可能做到與員工們產生內心的共鳴，從而增強企業的凝聚力和戰鬥力，把事業推向新的頂峰。

將彼此的利益聯結在一起

東芝企業成功的秘訣之一即在於員工與經理之間的相互信任，更在於他們有一根將彼此利益連接在一起的精神中心。

日本的東芝企業獲得成功的秘訣在哪裡呢？前總裁土光敏夫認爲，成功的秘訣在於「重視人的開發和活用」。

在他七十歲的時候，曾走遍東芝在全國的分公司、企業，有時甚至乘火車親自到各個企業視察，即使是星期天，也要到工廠去看一看，與警衛人員和値班人員親切交談，以此與員工建立起互信和互重的感情。

他常說：「我非常喜歡和我的員工們交往，無論哪種人，我都喜歡與他們交往，因爲從中我可以聽到許多創造性的意見。」

有一次，土光敏夫先生在前往東芝姬路工廠途中，不料遇上傾盆大雨。他趕到工廠，下了車，不撐雨傘，和站在雨中的員工們講話，激勵大家，並且反覆地講述「人是最為寶貴的資產」的道理。員工們很受感動，他們把土光敏夫圍住，認真傾聽他的每一句話。

激情的語言將大家的心凝結在一塊，以致忘了他們是置身於傾盆大雨之中，激動的淚水更從土光敏夫及員工們的眼中流了出來。土光敏夫講完話之後，身上早已濕透了，當他即將離開這裡時，激動的員工們一下子把他緊緊圍住了，他們一邊說關心的話語，一邊高聲喊道：「社長，當心別感冒！保重身體，更好地工作。你放心吧！我們一定會努力地工作！」

東芝企業發展到如今的規模，成為世界知名的名牌企業，它成功的秘訣之一即在於員工與經理之間的相互信任、相互激勵，更在於他們有一根將彼此利益連接在一起的精神中心。

藤田是日本麥當勞速食店的創始人和經營者，他曾經說過：「記住這一句話：日本麥當勞成功的信條是，為員工多花一點錢絕對值得。」

他向來認爲，勤勞的員工是公司最爲寶貴的財富，因此沒有理由對員工吝嗇，他還說：「日本麥當勞漢堡店，每年平均在員工們身上花費一兩百萬日元。」

爲了保證員工及其家屬們的健康，公司每年共支付一千萬日元給東京衛生醫院和警察醫院，作爲保留病床的基金，當員工或其家屬生病或發生意外時，可立即住院接受治療或者動手術，即使在星期日休息時有了什麼疾病和意外，也可以馬上送入指定醫院。

曾經有四年的時間，麥當勞的員工都不曾生病住院，那麼每年一千萬日元，四年四千萬日元的錢豈不是白花了嗎？

麥當勞的總經理並未這麼想，他所考慮的是，只要能讓員工安心工作，對麥當勞來說，花上這筆錢是值得的。

物質與精神的鼓勵一樣重要

錢當然是有效的激勵因素，不過，其他方面的激勵同樣有效。如果沒有讚許、參與和溝通相配合，光是金錢並無法使員工創造較高的工作效率。

第一等的領導者以德服人，不入流的領導者則以權壓人。

下屬們在業務上締造佳績，為公司或企業的發展做出了貢獻，領導者除了要在精神和名譽上給予鼓勵外，還應該適當地在物質上給予滿足。

這是許多優秀領導人遵循的管理和用人之術。

精神上的鼓勵對於企業文化和團隊士氣固然很重要，能夠滿足下屬們心理上的需求，讓他們對自己的工作有所肯定。但是有時候，物質方面的刺激力量，也是必不可少的。

從表面上來看，物質刺激可能會分掉公司的一部分利潤，但員工們獲得了獎勵，就會更加齊心協力幫助公司，把公司利潤「大餅」做得更大。

美國的麥考密克公司就很成功地運用了這種獎勵方法。

當時，許多公司都因爲經濟不景氣，紛紛採取裁員或減薪的措施以求渡過難關，但是，麥考密克公司的總裁C．麥考密克卻反其道而行。

他採取的方法既不是裁員也不是減薪，而且宣佈每個員工薪水增加十％，而且工作時間縮短。

他並鄭重宣佈：「本公司生死存亡的重任落在諸位身上，希望大家能同舟共濟、協力渡過難關。」

下屬們聽到這個消息時，不禁驚愕萬分，覺得不可思議，其他公司甚至認爲這是自取滅亡的做法。

但是，麥考密克的驚人之舉很快就見效了，他的做法使得全公司士氣大振，在全體員工共同努力下，公司終於順利地渡過了難關。

當然，要激發員工的積極性，不能光靠金錢和增加薪資的方法。

錢當然是有效的激勵因素，在激勵的過程中毫無疑問是必須的，不過，其他方面的激勵同樣有效。如果沒有讚許、參與和溝通相配合，光是金錢並無法使員工創造較高的工作效率。

譬如，你辛辛苦苦、汗流浹背地完成一件任務，上司卻只是冷冷地遞給你應得的薪資與獎金，連一句表揚與感謝的話也沒有，你會有什麼樣的感受呢？因此，金錢加上慰撫，才能使員工工作更有勁。

美國有一項調查顯示，員工的擁有權和歸屬感，對公司的業績和生產率的提高有正面的影響。

爲了員工做出回報及激勵，高薪及獎金等雖然不可缺少，但同時可以考慮讓你的下屬和雇員對公司也擁有一定的股份。倘若他們本身成爲公司的股東，歸屬感必然就較強烈，工作起來也自然就賣力得多。

另外，資訊分享及參與管理，也可帶動下屬和雇員的積極性。

當員工們學識水平較高、獲得豐富資訊時，對公司的期望値相對也會提高。因此，公司的資訊必須有一定程度的公開。因爲，管理決策的透明度增加，能夠加強雇員們的信心。

培訓不僅能使員工和下屬們應付不斷發生變化的工作和挑戰，更能令他們有足夠的信心來面對將來。同時，更重要的是，培訓也代表了公司對員工們將來利益的重視，這種投資往往可以大幅度帶動他們為公司工作的積極性。

為了更有效地激勵員工和部屬，內部升遷機制是不可缺少的。倘若沒有內部升遷機制，員工們看不到自己勤奮盡忠的前景，自然不會努力工作、接受培訓和鑽研技術。

因此，沒有良好的升遷制度，往往是造成士氣低落的原因。唯有給公司員預留寬闊的升遷空間，他們才不會失望，才會覺得辛苦中就會有代價。

多聽屬下心裡在想什麼？

領導者的觀察入微是與下屬們進行溝通的好辦法。因為，一般而言，當下屬的心情起變化時，他會不自覺地透過表情動作表現出來。

多聽少說、多鼓勵少批評，多以身作則少高談闊論，是領導者與下屬建立和諧關係的重要方法。

領導者面對下屬時，要多傾聽少說話。

領導者擁有一副伶牙俐齒，當然是好事，因爲好的口才是一個優秀領導者的必備素質之一。但是，領導者也一定要記住，凡事過猶不及，不能仗著自己口才好，就整天喋喋不休，對下屬進行疲勞轟炸。

常言道：「會說的不如會聽的」，「禍從口出，言多必失」等。因此，當領導者與下屬互動之時，一定要管住自己的嘴巴，豎起自己的耳朵，認眞地傾聽，這才是上策。

事實上，多聽少說，好處非常之多，不僅可給人留下一個穩重內斂的印象，而且可以藉機充分瞭解下情和下屬的心理，還可以使下屬覺得你是一個可以信賴和傾訴的對象，可謂一石三鳥。

但是，如何聆聽下屬傾訴，也是一門藝術，不能只是翹起二郎腿，一言不發，毫無表情。

一、要充分關注對方，對別人所講的話偶爾可以詢問一兩句，表示你對他的話感興趣。

二、要看著對方，不要渾身搖擺不定，眼睛東張西望，或發出各種響聲。除非對方嘮嘮叨叨了，已經耽擱了你許多寶貴工作時間。

三、不要輕易下結論，無論他說的是意見還是牢騷，都不要去爭辯和反駁。

四、努力從對方的言詞中瞭解他眞正的心態，既要用耳朵去聽，也要用心去聽，因爲有些下屬並不會把他的意思全部明白地表露出來。

再者，領導者要善於對下屬察言觀色。

通常是下屬們對領導者察言觀色，但聰明的領導者往往會反其道而行之，以此來決定自己要採取什麼步驟。

譬如，領導者正在批評一個下屬，一旦發現下屬的臉色呈現出承受不了的表情時，就應趕緊打住對他的批評，換一個角度或改變語氣來對他進行教育，和他聊聊生活瑣事，或跟他談一些他感興趣的話題。

領導者的觀察入微是與下屬們進行溝通的好辦法。因爲，一般而言，當下屬的心情起變化時，他會不自覺地透過表情動作表現出來，如臉部、手腳及眼神的一些小動作，及聲音的大小和語氣等。領導者往往可以透過這些變化看出下屬們心中的所想所思。

此外，領導者要善於掌握下屬們的心理狀態。

美國克萊斯勒汽車公司的總裁艾科卡就是一個善於利用心理學進行溝通的人。

譬如，他主張，當下屬們興高采烈的時候，就要讓他們多做點事；而他們心灰意冷之時，則不要使他們太難堪。

在下屬們取得了成績的時候，經理人員要及時地肯定和表揚。相反的，當下屬因失敗而悶悶不樂時，經理人員千萬不要落井下石，否則，會嚴重損害領導者在下屬心目中的形象。

艾科卡還說過一句有名的話：「要讚揚某人，用白紙黑字，要訓斥某人，就在私下裡說說或打個電話。」

正因爲艾科卡如此地注意下屬們的心理，所以他才贏得了下屬們的支持，樂意聽從他的領導。

只有士氣是不夠的

為了提高士氣，領導者應該盡心盡力地來滿足下屬的希望，將集體或企業利益與員工的個人利益結合起來。

法國文豪巴爾札克曾經說過：「領導統御的最高明辦法就是帶領部屬去完成一個永遠都不可能實現的夢想。」

如此一來，這些爲了和你一起「圓夢」的部屬，就算你叫他爲你赴湯蹈火，他也會在所不惜，就算你踩著他的腦袋前進，他還會把你當成英雄。

馬克思曾生動地描述了歐洲資本家如何誘使和欺騙廣大工人爲他們賣力，他形容，資本家在任何時候，都不會忘記在奔跑如飛的馬的前面，吊上一把青草，而這把青草是馬無論如何都不可能吃到的。

雖然，馬克思將資本家對工人的誘惑和許諾完全看成了貶義的東西，但對領導者而言，調動員工的積極性和創造力卻是必不可少的。

當然，我們必須摒棄其中虛偽和欺騙的成分，給予員工希望和遠景，而不是如同馬克思所說的那樣，給一把馬根本無法吃到的青草。

危機與遠景，是訓練員工的兩大法寶。這不僅培育員工能經常意識到危機感，並以積極進取、毫無畏縮的心態來對待挑戰，面對慘澹的景況，最好的辦法就是讓他們投入到競爭激烈的市場和「戰場」，進行「實戰」的訓練和演習。眞刀實槍，總比紙上談兵和畫餅充饑要好得多。

這不僅可以用調配的方式，讓手下的員工投入未知的環境中，並給予他們一個目標，讓他們全力以赴地解決他們所遇到和將要遇到的各種的問題。

古代的斯巴達人有一種頑強的精神，這當然是由於不斷的戰爭所造成的，國家和民族需要的是具有戰鬥力且強壯的武士，而不是柔弱的懦夫。

所以，小孩一出生，都要經過長老們嚴格的體格檢查，如果發育不全或者有什麼生理缺陷，就要被拋到山谷裡去餵野獸，或是活活餓死；體檢合格的小孩一到七歲的時候，就必須脫離父母，集中起來進行各種艱辛的軍事訓練，直到他們成為眞正的武士。

斯巴達之所以盛極一時，其中一個重要原因之一即在於，在沒有戰爭的時候，他們也一樣照戰爭狀態來生產和生活，從不掉以輕心。

在政府機構和企業內部，這種「戰爭狀態」也是相當重要的。

所以，員工的工作內容要隨時變換，避免單一化和簡單化，同時，為了能夠適應新環境，就必須迫使自己不斷改變，以適應不斷變化的外在環境。

當然，訓練員工克服逆境，雖然能夠提升員工對公司的向心力，但卻不一定能提高員工的生產力。

所謂士氣高昂，必然是指員工對於薪資、福利設施、工作條件、人際關係、歸屬感……等等都感到滿意，因而工作意願也相對旺盛，這樣，生產力應當相對提高才對。

然而，我們卻經常可以見到，業績不一定會隨士氣旺盛而增加，這是因為只讓員工對公司感到滿意，不一定能使他們認眞地工作。

在一定的時間之內，生產力會與士氣成正比增長；但這種狀況不可能一直持續，超過了一段時間，生產力與士氣反而會變成反比。

對此，許多領導者都會有同感。

爲了提高士氣，領導者應該盡心盡力地來滿足下屬的希望，將集體或企業利益與員工的個人利益結合起來。

不過，領導者也不能毫無原則地被員工的利益欲求左右，因爲，很多時候，過度的迎合員工，反而會造成資源缺乏，減少整體的實力與競爭力，最終將導致整體利益和員工個人利益的下滑。

PART 3

如何戰勝高傲虛偽的人

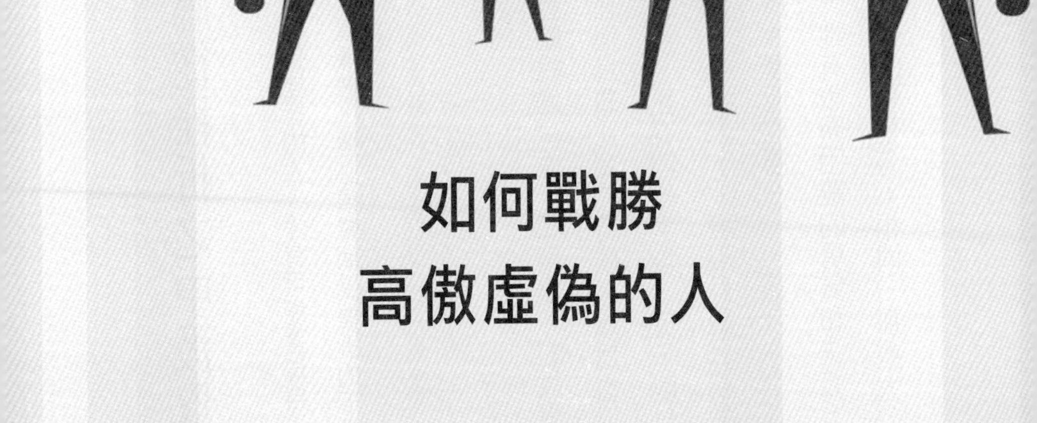

凡是有頭腦的領導人，總是時時審視自己是不是一個完全的人，他曉得自己確有許多缺點，更清楚批評是他發現缺點的好辦法。

讓部屬從挫折之中汲取教訓

只有不畏挫折的人，才有可能實現自己的理想，一個真正的領導高手，不但自己要這樣做，還必須幫助受挫折的下屬恢復信心、克服困難、爭取勝利。

我們都聽說過《兔子和烏龜》的故事。

兔子在與烏龜比賽的時候，以爲自己具有絕對的優勢，能穩操勝券，根本沒把烏龜放在眼裡。比賽開始之後，兔子眼見烏龜遠遠地落在自己之後，乾脆就睡起大覺來，等牠一覺醒來，才發現烏龜已經到了終點，自己已經輸了。

烏龜爲什麼能取勝？

因爲，牠有戰勝困難的勇氣和決心，不怕困難，敢於面對可能失敗的現實。

成功人士的背景各不相同，那些大公司的領導人以及各行各業的成功人士，有許多人都是出身貧寒，對於他們而言，成功只是意味著一連串的奮鬥。

美國著名的人生導師拿破崙．希爾深知此理，對此，他還特意講了一個故事。

馬克是非常有名的管理顧問，一走進他的辦公室，就會覺得他高高在上。辦公室各種豪華的擺設，昂貴的地毯，忙進忙出的人潮，以及知名的顧客名單都顯示著他的公司的確成功非凡。

但是，在這家鼎鼎有名的公司背後，可以看到藏著無數的辛酸血淚。

馬克創業之初的六個月，就把兩年的積蓄用得一乾二淨，因爲付不起房租，一連幾個月他都以辦公室爲家。他曾經婉拒過無數好工作，只爲了堅持要實現自己的理想，他被顧客拒絕過上百次，拒絕他的與歡迎他的客戶幾乎一樣多。

就在整整七年的艱苦掙扎中，他沒有說過一句怨言，卻常說：「我還在學習啊！這是一種無形的、捉摸不定的生意，競爭很激烈，生意不好做，但不管怎樣，我還是要繼續學下去。」

他眞的做到了，而且成就非凡。

看看「美國名人榜」成功人士的生平就知道，這些功業流傳千秋的偉人，都受過一連串的無情打擊，只是因爲他們都堅持到底，才終於取得輝煌成果。天下沒有不勞而獲的事，就像天上不會掉黃金一樣。

拿破崙．希爾在大學裡授課時，曾把畢業班裡的一個學生的成績打了不及格這個打擊對那學生非常大，因爲他早已做好畢業後的各種計劃，而現在卻不得不取消，現在他只有兩條路可走：第一條是重修學業，下年度畢業時才拿到學位；第二是不要學位，一走了之。

在他知道自己不及格的時候，一度表現得失望，甚至還對拿破崙．希爾感到非常不滿。拿破崙．希爾猜得不錯，學生來找他了。

拿破崙．希爾說他的成績太差之後，這位學生也承認自己下的功夫不夠。

「但是，」他接著說：「我過去的成績都在中等成績以上，你能不能通融一下，重新考慮呢？」

拿破崙．希爾明確地表示辦不到，因爲這個成績是經過多次評估才決定的。拿破崙．希爾又提醒他，學籍法禁止以任何理由更改已送往教務處的成績單，除非這個錯誤的確是由教授造成的。

知道無法改變既定事實後，他顯得非常生氣，他說：「教授，我可以隨便舉出本市五十個沒有修過這門課而照樣成功的人，你這科有什麼了不起！幹嘛讓我因爲你這一科而拿不到學位。」

不過，後來在拿破崙．希爾的耐心提醒下，這名學生重修了這門學科，並以優異的成績畢業。

只有不畏挫折的人，才有可能實現自己的理想，達到自己定下的目標，建立自己的事業，而一個眞正的領導高手，不但自己要這樣做，還必須幫助遭受挫折的下屬恢復信心、克服困難、爭取勝利。

因爲，領導人的事業是團體的事業，單槍匹馬的力量比不上衆志成城。

疼惜下屬，下屬才會為你賣命

身為領導者，一舉一動都會影響屬下的士氣與工作情緒，所以更應是個有德行的人，這樣才能使屬下心服口服，心甘情願地接受領導。

領導者必須要是個能爲屬下著想的人，如果領導者僅有能力卻沒有德行，那他的成功必定無法長久，所策劃的工作也很難得到屬下的支持。

領導者應具備的德行大致上包含了以下幾種：不要斤斤計較個人得失，大事講原則、小事講風格，求大同、存小異，互諒互讓；要能認眞聽取和善於採納各種不同的意見，絕不能因部屬與自己的看法不同，就排斥或否定不同的聲音；要不徇私情，不計較個人恩怨，不依個人好惡判斷部屬；要能原諒部屬的過錯，並眞心幫助他們改正錯誤；要寬宏大量、寬厚容人，絕對不可落井下石、幸災樂禍……等等。

簡而言之，領導者就是要處處爲屬下著想、要以大局爲重，例如戰國時代的名將吳起，就是個不錯的典範。

吳起是中國歷史上的一位名將，不過他除了驍勇善戰以外，最爲衆人欽佩的是，他總與士兵同甘共苦。例如，他總是和下級士兵穿一樣的衣服，吃一樣的食物，睡覺時不鋪席，行軍時不乘車，並會主動分擔士兵的苦惱。

有一次，一位士兵在陣前因爲生了腫瘤而痛苦不堪，吳起見狀毫不猶豫地用口將腫瘤內的膿汁吸出，那位士兵和在場的人都感動不已。

但後來，那位士兵的母親聽到這個消息後，卻放聲痛哭。

旁邊的人覺得很奇怪，就問她：「妳的兒子只不過是一個小小的士兵，卻蒙吳將軍親自將他身上的膿吸出來，妳應該高興才對啊，爲什麼反而那麼傷心呢？」

只見那位母親回答：「先夫早年也曾蒙吳將軍不棄，吸取他腫瘤裡的膿，從此他追隨吳將軍四處征戰，以此報答吳將軍的大恩，最後終於死在戰場上。如今，吳將軍又爲我兒子吸出膿汁，這不是說明我兒子將步上他父親的後塵，爲吳將軍賣命嗎？這教我怎能不傷心呢？」

由此可見，吳起的行爲會對士兵產生多大的影響力。同理，如果一位領導人能與屬下同甘苦，處處爲屬下著想，那還怕屬下不忠誠、不賣命嗎？

古人曾說：「卑讓，德之甚。」

所謂卑讓，是壓低自己的地位去屈就對方，這便是「德」的根本。劉備本身所具備的德就是這種卑讓的態度。

在《三國演義》中，劉備的德行極佳，與曹操完全相反，不過，若從個人能力觀察，劉備只是個無能之輩。既然如此，曹操爲什麼會將能力遠不如自己的劉備視爲最強的對手，說「天下英雄唯使君與操爾」呢？

根本原因在於劉備擁有一項足以彌補個人能力不足的秘密武器，這個武器正是他所具備的「德」性。

譬如在「三顧茅廬」這個故事中，劉備爲了請諸葛亮出山幫助他，不惜三次親自到諸葛亮的茅屋去拜訪他，便是將卑讓的德性發揮得淋漓盡致。

事實上，兩人當時的地位相差懸殊，劉備雖然在爭霸的過程中不太順利，但依舊頗有名望，況且他當時已年近五十歲，孔明卻只是個二十多歲的無名小卒。然而，劉備仍舊以最崇敬的態度請孔明當他的軍師，並在孔明應允後，又馬上將全部作戰計劃等國家大事都委任給他。這種信任與大度，正是孔明願意爲他「鞠躬盡瘁，死而後已」的原因。

在現今這個崇尚功利主義的社會中，一般人多半重視能力有多強、能帶來多少利益，卻忽略了德行的重要性，其實，「德」才是一個人的根本。

尤其是身爲領導者，一舉一動都會影響屬下的士氣與工作情緒，所以更應是個有德行的人，這樣才能使屬下心服口服，心甘情願地接受領導。

站在對方的立場解決爭端

楚莊王之所以能成就霸業，成為春秋「五霸」之一，與他的寬宏大量，善於籠絡部屬，調節爭端，以加強內部的凝聚力不無關係。

滿古是吐薩市一家電梯公司的業務經理，他和吐薩市一家最好的旅館簽下一分合約，負責維修這家旅館的電梯。

旅館的經理爲了不願給旅客們帶來不便，以致影響旅館的形象，因此每次維修，都定在客流量較少的時候，而且頂多只准許電梯一次停開兩個小時。

但是，要想把電梯維修好，至少需要八個小時，而且在旅館便於停下電梯的時候，電梯公司又不一定都能夠派出所需要的技工。

這使旅館的經理十分不滿，而滿古先生也大爲惱火，眼看一場爭執就要爆發，任何一個小小的問題，諸如言詞不當、不滿情緒等，都可能隨時引爆爭執。

在這種情況下，滿古先生又是怎樣處理的呢？

在滿古先生能夠爲旅館的電梯修理工作派出一位最好的技工的時候，他給這家旅館的經理打了電話。

他沒有和旅館經理爭辯，只是說：「我知道你們旅館的客人很多，你需要儘量減少電梯停開的時間。我瞭解你很重視這一點，因爲它關係到你們旅館的形象和聲譽，我們也要盡可能地配合你的要求。不過，我們的技工在檢查了你們旅館的電梯之後發現，如果不能立即徹底地把電梯修好，電梯損壞的情形可能會比現在更加嚴重，到那時候需要停下來的時間，可能比現在更長，造成更大的不便，我相信你知道哪一個才是更重要的。」

旅館經理聽了之後，也知道自己有錯，爲了預防未來造成更多不便，不得不同意滿古的建議，因爲這樣總比以後停上好幾天要好得多。

由於滿古表示出了諒解，明白這位經理要使他們旅館客人愉快的願望，所以便以相同的角度去勸說，沒有任何爭執地取得了旅館經理的同意。

滿古的做法成功之處，就在於他能站在對方的角度，以及所處的環境中來處理所發生的事情，並在考慮自己的同時，也盡可能地爲對方全方面著想，以便達成共識。爲了共同的利益，他們便自然地不再爭議，並且攜手共同完成。

這樣的效果，和春秋戰國時代的「絕纓宴」，頗有異曲同工之妙。

楚莊王打了勝仗後，在宮中舉行了盛大宴會，招待朝中文武百官，一直喝到了日落西山，尙未盡興，於是楚莊王命人掌燈繼續暢飲。

當大家都帶幾分醉意的時候，楚莊王把他最寵愛的許姬叫出來爲大家敬酒。

突然，一陣風吹滅了堂燭，宮中立刻漆黑一片，席上一位大臣見許姬如此美貌，便趁黑暗之際，暗中扯了她的衣裙吃豆腐。

許姬在慌亂中左手拉袂，右手順勢將那個非禮之人的冠纓了扯下來，然後才惱怒地急步離去。

許姬取纓在手，趨步來到楚莊王跟前，附身貼耳向他奏道：「臣妾奉大王的命令，給文武百官敬酒，其中竟有一人無禮，趁著堂燭被風吹滅的那一會兒工夫，強拉臣妾。不過，我已經將他的冠纓摘下，大王您快快命人點上燭火，看看究竟是哪位大臣竟敢如此非禮我！」

莊王聽罷，卻命那些掌理燈火的侍從說道：「不要忙著點上燭火了，我今天要和諸位大臣、文武百官們開懷暢飲，大家統統摘下冠纓，除下帽子，喝個痛快。」

當莫名其妙的文武百官皆除去冠纓，摘下帽子之後，楚莊王這時才命掌管燈火的侍從將燭火重新點上。頓時，整個宴會廳被照得燈火通明，那個曾調戲許姬的人，就這樣被遮掩過去了。

散席之後，許姬不解地詢問楚莊王：「男女之間有嚴格的界限，況且我是大王您的愛姬。您讓我給諸臣敬酒，是大王您對他們的恩寵，可是有人竟敢當著您的面來調戲我。這是對您的侮辱，您不但不查不問，反而掩護那位不恭敬的大臣，這又怎麼能肅上下之禮，正男女之別呢？」

楚莊王聽後笑著說：「這妳就不懂了，妳想想，今天是我請百官來飲酒，衆大臣從白天喝到晚上，大都帶有幾分醉意了。而酒醉之後出現不禮貌的舉動，也不足爲奇。如果我照著妳的說法，將那個大臣查出來，突顯了妳的貞潔，卻掃了大家飲酒的雅興，這將使我們君臣不歡而散，那可不是我舉辦這場宴會的目的。」

許姬聽了楚莊王的一番道理，十分佩服，也就不再提及此事了，那位無禮的大臣因為楚莊王的寬宏大量而免於治罪，從此對楚莊王更加忠心和賣力，這就是後人所說的「絕纓宴」。

戲弄君主的寵姬，無疑是對君主的羞辱，然而，楚莊王卻能夠原諒屬下的不軌舉止，而且還想方設法掩護他，保留住了他的性命和顏面。

在當時的社會制度和所處環境，楚莊王能夠如此絕妙地處理好此事，確實是要有胸懷和度量的。

兩年後，楚國大軍去討伐鄭國時，前部主帥襄志的一員副將唐狡自告奮勇率百餘人充當先鋒，以一當十奮勇殺敵，為大軍開闢道路。唐狡力戰，一路攻無不克，戰無不勝，使楚軍大隊的進展順利。

楚莊王大喜，要嘉獎襄志，襄志則推讓說：「這都是副將唐狡的功勞，末將不敢冒領。」

於是，莊王又下令厚賞襄志的副將唐狡。

此時的唐狡不好意思地說：「我怎麼還敢向大王討賞呢？『絕纓宴』上牽許姬

玉手的罪臣就是我呀！蒙大王昔日不殺之恩，今日捨命相報。」

楚莊王感歎不已，沒想到自己當時的一念之仁，竟然產生如此大的效應，如果當初點上燭火，治他的罪過，今天又怎麼會有人在戰場上如此效命殺敵呢？

從這則故事，我們可以看出，楚莊王之所以能夠在諸侯林立的時代成就一番霸業，成爲春秋「五霸」之一，與他的寬宏大量，善於籠絡部屬，調節爭端，以加強內部的凝聚力不無關係。

如何戰勝高傲虛偽的人

凡是有頭腦的領導人，總是時時審視自己是不是一個完全的人，他曉得自己確有許多缺點，更清楚批評是他發現缺點的好辦法。

稍有一點本事的人，往往恃才而驕，仗著自己的一技之長而目空一切。他們自以為本事大，充滿至高無上的優越感，常常說話帶刺，做事也我行我素，表現得頗為自信和自負，對別人不屑一顧。

林肯還是一個年輕的律師的時候，因為有一個重要的案件來到芝加哥，但是沒有人理會他。在芝加哥，那些年長而有名的律師都一致認為，和一位外地來的後生律師在一起，會降低他們的身分。

這些人自認為地位崇高，除了自己以外，看不起任何人，把林肯完全拋在一旁，無論他們去什麼地方，都不請他一同前往，也不和他一同吃飯。

後來，林肯回到斯勃林菲爾德的時候，這樣說道：「我到芝加哥之後，才曉得自己所懂得的是多麼的淺薄，而我要學習的卻又是那麼地多。」

這種輕視，對他來說是一種刺激，使他不斷改進自己。

後來，他爬升到了很高的位置，而那些輕視他的人卻還是一無長進，直到他當上了美國總統，那些律師仍然乏善可陳。

他們的輕視，不過是替林肯預備了一級梯子，使他爬到了榮譽的頂端。

凡是有頭腦的領導人，總是時時審視自己是不是一個完全的人，他曉得自己確有許多缺點，更清楚批評是他發現缺點的好辦法。

批評你的人，或許心存不良，但是他批評的事實卻可能是眞的。他或許是想害你，但是如果他的批評能使你有所改進，對你反而更有益，如果因爲他的批評而使自己喪氣，那麼就是讓他的詭計得逞了。

美國的鋼鐵與煤炭大王佛立克在早年時期，便能掃清這些障礙，走入成功的未來，他不僅勤勞刻苦，也善於戰勝那些高傲虛僞的人。

佛立克出生在一個偏僻的小山村，最初只是一個小夥計，之後他還在馬克倫姆和伽里色大商場做店員，每月的收入很少。

當時在他工作的地方，共有二十多個夥計，個個努力工作，拼命競爭，而佛立克是最後一個進店的店員。

但不久以後，他在店員名冊上竟然名列前茅了，這本來就令人刮目相看，但更令人驚訝的是，他與所有在各方面不如他的人都有著相當好的友情，別人對他也同樣的報以好感。

在佛立克尚未領先眾人之前，有位叫做柏萊爾的店員，頗得到人們的讚許，不但被認爲是「領袖店員」，並且還享有「服務頭等客人的權利」。對於這些殊榮，其他店員都只有拱手相讓的分。

但柏萊爾是個充滿虛榮心且傲氣十足的人，佛立克也很想擊敗這位領袖店員，以及這種特殊權利。

不過，佛立克並沒有以敵意的態度去對待他。佛立克先將柏萊爾認認眞眞地品評了一番，斷定柏萊爾所企盼的只是讓人知道他如何了不起，且「渴求上進」的他認爲，這是一種既簡單又很容易滿足的期求。

針對柏萊爾的這種性情，佛立克輕而易舉地戰勝了他。

一天晚上，佛立克走到絲綢部，那兒有一大堆存貨，他便告訴柏萊爾一些自己知道的相關知識，並和他深談了幾次。

不久，柏萊爾便有了很大的轉變，不得不佩服佛立克的無私分享。

雖然，佛立克的取勝使柏萊爾感到「悲酸苦澀」，有些時候很不自在，但他卻能體會到佛立克的感情。

佛立克施以圓滑溫和的手段，不久便拉攏了全體店員，贏得了他們的愛戴，從中我們可以看到他處世爲人的成熟度。

不肯認錯，只好請他走路

任何時候，把自己的錯處歸咎到別人身上，以為別人總是有意害自己，並時時刻刻地認為自己是完美無缺的，這是極不明智的。

大凡高傲自負的人，一般都有一顆纖細的心，因此，他們需要補償。

對於這類人，絕不能簡單地施以粗暴的態度，要給他表現自己真實才華的機會，要讚頌他、鼓勵他、肯定他。

我們對於虛僞高傲的人，應將他各方面的表現綜合起來，加以品評、判斷，以明瞭他的眞實情況。這一方面可以免除我們的失望，另一方面也省得他人的不良動機得逞，妨礙我們的事業。

此外，還有一種自負過頭的人，時時表現出傲慢驕縱，無論到什麼地方，總是以為「人不如我」。這種人自以為其他人都不如自己，他們將自己的驕氣潛藏在虛偽的謙和之中，在這種情況下，讚美他們卻是件危險的事，因為他們自命不凡，一經抬高，就會飛上天空，跌下來會摔得粉碎。

如果你能狠狠地教訓他們一頓，也許是良策益方。

俄國十月革命前夕，詩人馬雅可夫斯基在彼得堡的涅夫斯基大街上散步，遇到一個頭戴小帽，手提錢袋的女人。

她把許多市儈聚集在自己周圍，用荒謬的謠言污蔑中傷布爾什維克（共產黨）。她大聲批判說：「布爾什維克是土匪，是強盜，他們整天殺人、放火、搶女人……無惡不作……」

馬雅可夫斯基聽了火冒三丈，當即撥開圍觀的人群，走到這個「煽動者」的面前，厲聲喊：「抓住她，抓住她，她昨天把我的錢袋給偷走了！」

那「高明」的「煽動者」驚慌失措地爭辯道：「你這是說哪兒的話？你是不是搞錯了啊！」

馬雅可夫斯基肯定地說：「沒錯，就是她，她戴著一頂繡黃花的帽子，偷了我二十五盧布。」

聽了這話，圍在周圍的那群人紛紛譏笑這位女子，隨之四散而去。

這時，那女子苦苦地哀求馬雅可夫斯基，並質問道：「我的上帝呀，你肯定是認錯人了，我可從來沒見過你！」

「我就是布爾什維克，妳這才頭一回看見一個布爾什維克，卻就在此大談特談布爾什維克的不是。」

在這裡，馬雅可夫斯基運用的就是以毒攻毒的方法，狠狠地教訓了一下那個自以爲是的女人。

被人批評，這是常有的事，有的人無論自己對不對，總要設法替自己辯護，於是漸漸養成了一種自以爲是的觀念，特別是擁有一技之長的人，更容易恃才而驕，目中無人。

美國航業救生公司的總經理查理．皮茲，有一次不得不開除一個很有希望的年輕高級職員，因爲他不能接受別人的批評，恃才而驕且性格孤僻，聽不進也不願聽別人的意見，凡事都認爲自己做得對，對別人抱持懷疑和不信任的態度。

這個青年確實有些才能，升級也升得很快，一直升到該公司工程估計部主任的職位，主要是負責該公司的工程估計預算。

有一天，一個速記員發現他的估算中算錯了二千元，於是將詳情呈報給上司。後來，這件事傳到了皮茲那兒去了。這位年輕的主任聽說之後，勃然大怒：「這個速記員不該查問我的核算，他根本沒有這個資格，更不應該提出來。」

「但是，你承認你的核算是錯了，是不是呀？」皮茲問他。

「是的。」他說。

「然而，你認為速記員還是不應該說出來，難道要讓公司蒙受損失，卻不能傷害你的威嚴嗎？」

沒想到，這個年輕的主任眞的以為應當是如此。

於是，皮茲便耐心地規勸他，說他如果再這樣做下去，就很難成為一個成就大事業的人，只要別人批評的是對的，就要謙虛地接受，以免下次再犯，只有這樣才可以有所作為。

大約過了一年之後，這個年輕主任報上去一個關於美國中西部某項工程的二百萬元估價方案。他的上司認眞、仔細地核對他的估價，覺得這數目應當再加一倍方爲適當，這事又傳到了皮茲面前來了。

於是，皮茲再一次地叫他前來，沒想到這位主任居然對皮茲說：「我曉得你是怎麼想的，你是想用這項工程來陷害我。你上次恨我，於是這次又特別請了工程師來核算，故意扯我後腿。我的計算是對的，你是在蔑視我的能力。」

看到他如此頑固，不肯認錯，皮茲很傷心，同時也感到很失望，便對他說：「你自己去請幾個工程師計算吧！看看結果如何。」

最後，他承認自己的計算是錯了。

皮茲無奈地對他說：「現在我們只能各走各的路了，我一再地幫你指正錯誤，是希望你引以爲鑑，不再犯錯誤，可是你卻不能接受公正的批評。」

像這個年輕主任的這種態度，實在是要不得的，最好的處置就是請他走路。

任何時候，把自己的錯處歸咎到別人身上，以爲別人總是有意害自己，並時時刻刻地認爲自己是完美無缺的，這是極不明智的。如果我們已經是完美無缺的，便不必再求什麼進步了，一旦有了這種觀念，在世上也就不再有任何地位可言了。

如何應付難纏的小人

和小人相處，雖然我們要顧及他們的好面子感受，可以不必刻意地與他們劃清界線，但是與他們絕對要保持一定的距離。

常言道：「君子不念舊惡」。

這是對君子的要求，也是君子爲人處世的標準，只是，眞正能夠做到「不念舊惡」的人又有幾個呢？

有人眞的可以「宰相肚裡能撐船」，有的人卻完全相反，他們連芝麻大的小事也會記恨在心，長久難以釋懷。

在人際交往中，我們經常會不自覺地得罪這類心胸狹窄的「小人」，而且有時候得罪了人，自己卻還不知道，於是我們便要有心理準備，因爲這些人不但「不忘舊惡」，而且會耿耿於懷地找機會加倍報復，以消心頭之恨。

在現實生活和工作場所中，所謂的小人其實一直都存在著，這不是以你我的想法可以改變的事實。

然而，你每天都得和他們交往、共事，這些專門在背後耍手段的人，你很難將他們分辨出來，因爲他們也時常表現出「好」的一面，讓你不及防備。

也因此，想對待這種難纏的小人，如果採用強硬的驅離辦法，往往是吃力不討好的，有時還會激起彼此的對立和仇恨，有害而無益。

所以，我們只能巧妙地順應時勢，來化解這類的衝突，並達到解決的目標。

宋仁宗時，文彥博受命出任成都知州。

有一天，天空下起鵝毛大雪，文彥博在知州府裡大擺宴席，宴請好友及同僚，府內樂鼓喧天，宴會直到夜深人靜、星斗滿天仍未結束。

這時，待在外面的隨從卻已牢騷滿腹，聽著府裡飲酒作樂的樂聲，看著兄弟們在寒風中受凍挨餓，開始議論紛紛。

其中，有位隨從忍不住嚷道：「你看他們在裡頭享受舒服，吃著山珍海味，喝著好酒，還有樂鼓伴奏，而我們卻得外頭受罪，連個取暖的炭火都沒有，如此天寒地凍，不如我們把井邊的亭子拆下來，燒火取暖吧！」

這時，有位隨從阻止說：「這裡是知州府，如果我們把亭子拆了，大人肯定要追究我們的。」

然而，這位膽大的隨從卻說：「怕什麼，他能走出來怪我們更好，我要讓他看看大伙現在凍成什麼樣。哼，他們只顧著自己吃喝玩樂，我們還沒責怪他呢！」

說完，他就帶頭拆起知州府內的亭子。

其實，這個隨從敢如此行動，是因爲他知道，裡面客人很多，知州大人不可能掃了大家的雅興來責備他們。

他這一動手，別的隨從也跟著拆了起來，不一會兒工夫，一座好好的亭子便被拆得七零八落。

大家把拆下來的木材堆在一起，點了火，還讓火勢猛烈地燃燒，根本是想引文彥博等人發現，並從裡面走出來。

這時，有位軍官發現隨從居然把亭子拆掉，連忙跑去向文彥博報告。這也驚動了在座的賓客們，大家嚇了一跳，以為有人要謀反，連忙要文彥博好好處理。

不過，文彥博雖然非得生氣，但是轉念間他又想到：「如果這時我衝出去懲治那些搗亂的隨從，勢必大鬧一場，不僅擾亂了酒宴氣氛，更要讓來賓們受驚，那往後不是顏面盡失？但是，若不出去看一看的話，該如何圓滿地處理這件事呢？」

只見文彥博聽完後，緩緩地放下了手中的杯子，並平心靜氣地說：「天氣也眞的太冷了，一個亭子算什麼，就隨他們拆來取暖吧！明天我再請工匠重建即可，只是一座亭子，沒那麼嚴重啦！」

說完，他繼續笑容滿面地端起酒杯，若無其事地對各位來賓們說：「來來來，大家繼續喝酒。」

賓客們見文彥博如此不慌不忙、鎭定自若，懸起的一顆心才放了下來，繼續端起酒杯，開心飲酒。

另一方面，外面的隨從們一直等著知州大人出面訓斥，好讓他們有藉口大鬧一場，出出怨氣。

但是，他們怎麼也沒有料到，這位知州大人如此沉得住氣，不但沒有出來訓斥他們，還順了他們的意，任由他們拆亭取暖，似乎相當體諒他們的行爲。衆隨從發見沒有了鬧事的藉口，個個都有點洩氣，只好繼續在寒風中守衛。

第二天，文彥博這位「高修養」的知州大人，開始查明原因，並訊問出誰發起拆毀亭子的人，只見那個隨從被打了一頓，還被遣送回鄉。

其實，這是文彥博的處理方式，他能審時度勢，並應環境與人們的情緒來個圓融處事，免除了一場可能出現的聚衆鬧事。

就像那個心胸狹隘的隨從，小人的行動原本就有很多破綻，他們雖然有著嫉惡如仇的好理由，但是更多人抱著仇恨與對立的心態，恨不得造成社會秩序的混亂。我們應當理性面對，不要受他們的蠱惑，讓自己的情緒失控了。

嫉惡如仇雖然可以表現出正義，但是在如此紛雜的社會裡，這樣做不但不能保身，反而更顯示出你的正義是不合實際的。

因爲你的正義，將有助於掩飾那些小人的企圖與別有居心。

因爲得到了自保及掩飾，他們便能輕鬆對你展開攻擊，這些攻擊是許多小人的伎倆，讓你防不勝防。

也許你並不怕他們的伺機報復，或許他們也奈何不了你，但是你必須很清楚地知道，小人之所以是小人，是因爲他們始終在暗處、背地裡，使用手段始終都是卑鄙下流的，而且還會糾纏不休，沒有得逞，絕不輕易罷手。

所以，和小人相處，雖然我們要顧及他們的好面子感受，不必刻意地與他們劃清界線，但是與他們絕對要保持一定的距離。

另外，必須記住，一個領導者最大的忌諱就是在部屬的面前暴露自己的心思，因爲如此一來，別有居心的部屬就會想方設法博取你的信任，進而背著你做出有利自己的勾當。因此，讓部屬永遠猜不到自己的下一步要怎麼做，是每個領導者必須具備的基本心機。

把人才巧妙地組合在一起

以單方面的才能而論，劉邦與他的部屬相比遜色不少，但他能夠恰當地使用部屬，把他們巧妙地組合在一起，人盡其才的結果，最後一舉奪得天下。

一般來說，每一個人都有自己獨到的長處，也有自己與生俱來的短處。

美國管理專家彼得．杜拉克對此有一段精妙的說法：「假如一個團隊所有的人沒有短處，那麼這個團隊至多只是一個平平凡凡的組織，所謂『樣樣都行』的人必然是一無是處。才幹越高的人，其缺點也就越明顯。人有高峰必有低谷，有長處必有短處，誰也不可能是十項全能。」

如果在發掘人才之時，能著重於對方的長處，如此便能發現更多更好的人才；如果不見人才之所長，只一味尋人之所短，到頭來你必然會認爲人才難覓，甚至感嘆世間缺少人才。所以，只視人之所短，則無才可尋；能視人之所長，人才才會源源不絕。

想要使人才不斷湧現，身爲一個領導人必須拋棄論資排輩的偏見，排除個人主觀的好惡，不拘一格選拔人才。能夠如此，你就不會輕易地使人才從身邊擦肩而過，衆多的賢才就會匯聚到你身邊，這是知人識人的重要準則之一，也是事業能否成功的關鍵因素。

許多歷史上的故事都證明，這種選才用人的觀念才是最正確的。

人才，不可能全是白璧無瑕的完人，也不可能十項全能，各有自己的優點和缺點、長處與短處。例如，有的善於分析歸納，有的善於做行銷企劃工作，有的精通某種專業技術，有的具備某方面的特殊才幹；有的擁有組織領導才能，有的適合做主管，有的適合做副職……等等。

領導人的職責，就是按照他們的這些不同的長處與特點，適才適用，爲各類人才提供最能充分施展才華的機會和位置，使人盡其才。

戰國時期，孟嘗君以養士著稱，曾擔任齊國宰相多年，門下食客多達三千人。

魯仲連則是齊國高士，深具卓識奇謀。孟嘗君相當尊敬魯仲連，但兩人對人才的看法迥然不同。

孟嘗君認爲，假如他委派的人，沒有把事情辦好，他就會認爲這個人無能、笨拙，會毫不客氣地將他逐出門下。

魯仲連則認爲，即使是聖賢，也不能把所有的事情都辦得十全十美，因而他勸告孟嘗君，用人應該棄其所短，用其所長，這樣才能把事情徹底做好。

魯仲連所談的，正是如何正確識人用人的關鍵。

每個人都有自己的不足或缺點，玉有瑕疵仍然是玉，仍有自己的獨特的價值，不會淪爲石頭。用人之時唯有知其所長，才能知人善用，充分發揮他的才能，這樣就能聚集更多的人才爲己所用。相反的，如果棄其所長，用其所短，必然認爲其人笨拙無用，到最後當然無可用之人。

後來，孟嘗君接受了魯仲連的建議，糾正了先前那種不正確的用人作法，孟府也因此成了天下聞名的藏龍臥虎之地，在歷史上傳爲美談。

歷史上得人失人，都與魯仲連所說的這個道理有關，這是值得後人引以爲借鏡的經驗與教訓。

楚漢相爭之初，無論是個人的能力聲勢，還是軍隊的戰鬥力，劉邦都不及項羽，但是後來劉邦卻轉弱爲強，打倒項羽奪取天下。其中原因固然很多，但有一個不可忽視的原因是，劉邦是一個「有效的管理者」。以單方面的才能而論，劉邦與他的部屬相比遜色不少，但他能夠恰當地使用部屬，把他們巧妙地組合在一起，人盡其才的結果，最後一舉奪得天下。

總之，人有長處和短處、優點與缺點，即使最偉大的人物也有不足之處。領導者不僅要識人之長，更要見短中所長。

以退為進，擺脫糾纏

想要成為優秀的領導者，面對看起來可憐的部屬，你可以憐憫他，同情他，但不可以做出違背原則的事情來。

一個領導者，應該建立廣泛的聯繫，朋友多多益善，然而從另一方面來看，因爲你有權有勢，許多人不請自來，將你團團包圍，或與你套交情，或求你辦事，或爲了提高自己的身分。你若避而遠之，可能得罪一些眞正的朋友；你若迎而納之，你的精力可能永遠應付不了他們，而他們越是與你糾纏不休。

這時候你將怎麼辦？

一個眞正的領導高手，自有一套擺脫糾纏的法術。

美國有位住在華盛頓的夫人，她的丈夫具有一些政治影響力，她親自跑去見總統，糾纏了長達六個多禮拜，要求總統任命她的兒子出任某項職位。

她得到了許多參議員及眾議員的協助，但由於這項職位需要具備某些技術條件，於是總統根據該局局長的推薦，任命了另外的一個人員。

不久之後，總統就收到了那位母親寫來的一封信。她在信中批評他是世界上最差勁的人，只因爲他的拒絕使她成爲一個很不愉快的婦人。她還更進一步地威脅說，她已經和幾個議員商討過了，將投票反對一項總統主導的行政法案，她說：「這正是你應該得到的報應。」

一般人接到這樣內容的一封信時，可能會想，不該跟一個行爲不當或甚至有點無禮的人認眞，然後或許還會馬上回信。

這位總統便是如此，他寫了一封信給這位失望而顯得無禮的母親，但語言上卻盡可能地有禮貌。

他在信中告訴她，在當時的那種情況下，他很明白她一定是十分失望的，但是，任命一個人到某一項職位任職，並不是憑個人的喜好所能決定的，基於對該局、對國家的責任心，他必須選擇一個有技術資格的人來擔當此任。

因此，他接受該局局長的推薦，他並且表示，希望她的兒子在目前的職位上，能更努力完成她對他的期望。

這封信化解了這位極具野心的母親的怒氣，她寫了一張便條給他，上面表示對於她前次所寫的那封信表示抱歉，並請求他的諒解。

但是，總統所送出去的人事任命案，並未立刻獲得通過，擱置了一段時間。

經過一段時間之後，他又收到一封聲稱是那位失望的夫人的丈夫來信，可是筆跡和那位夫人完全一樣。

信上說，那位夫人因為過度失望，導致神經衰弱，病倒在床，已演變成了最嚴重的胃癌。他在信中問道，難道不能把先前的那個名字銷掉，改由她兒子代替，從而使「他」的夫人開朗？

為此，總統不得不再寫封信，這次是寫給她的丈夫。

他說，他希望那項醫療診斷是錯誤的，他的妻子如此病重，他一定十分難過，但要將送出去的名字撤掉是不可能的，那不僅僅是總統個人的意願而已。

不久，總統所任命的那個人最後終於通過了審議。

兩天之後，總統在白宮舉行了一次音樂會，最先向他致意的，就是這對曾爲那項任命而指責過他的夫婦，雖然這位夫人最近差點「死去」。

也許有人會說，總統大人太沒有同情心了，然而很多事是不能感情用事的。我們每天所遇到的人中，大都渴望能得到別人的同情，在同情的同時，免不了意見不同而發生爭執，要怎樣免去不必要的爭執，除去不良的感覺，創造好氣氛呢？

這就需要一句話：「如果我是你，我的想法也會跟你一樣的。」

像這樣短短的一句話，會使脾氣最壞的老頑固軟化下來，而且你在說這話的同時，應該百分之百誠意。

以前例而言，假設你處於這位總統當時所處的環境，假設你擁有他的經驗和學識以及爲人處世的態度，那麼，你就會和他一樣處理這位婦人的來信。

總之，想要成爲優秀的領導者，面對看起來可憐的部屬，你可以憐憫他，同情他，但不可以做出違背原則的事情來。

小心防範別有居心的人

與你最親近的人，可能對你的傷害最深。不僅要多花點時間，去看見難測的人心，更要小心地防範人們的別有居心。

有一句俗話：「路遙知馬力，日久見人心。」

意思是說，要想知道一個人的內心本質是個什麼樣的，可不是一件容易的事，必須經過長久的日子，才可以看得清楚。因此，最好要有個辦法，讓自己能在平時就可以測量交情，分別出哪些可以交往，可以肝膽相照，哪些又是不能深交，只需泛泛相交，不離也不即。

從前有個待字閨中的女孩，因爲條件不錯，來了許多說媒的人。

其中有三位年輕人條件很不錯，讓女孩難以決斷，因爲她不知道，到底誰才是眞心愛自己的，誰又是虛情假意？

因爲一時之間無法分辨，她只好絞盡腦汁想方法，這天她忽然想出一條妙計。

她請人傳消息給那三位年輕人，說她雙眼突然失明了。

不久，其中一位前來慰問，安慰她要耐心醫治，並配合醫生的治療，也祝她早日康復，但是自始至終隻字不提婚嫁之事。

接著，第二位也來探望女孩。他在安慰她的同時，還表示萬一有什麼不幸，不能恢復健康的話，他們彼此的愛情仍然會像過去一樣，不受任何影響。

最後第三位年輕人，卻在聽說女孩失明後，便再也不曾出現，甚至連關懷與探望都沒有。

這三個年輕人對這個女孩的感情是否眞實，就此一目了然，再清楚不過了。於是，女孩便立即宣佈，她要與第二位探病的男子結婚。

當時，第一位和第三位男子都嘲笑第二位男子，說他居然願意娶個殘障老婆，實在神智不清。

怎知就在婚宴上，女孩揭開了貼在眼上的藥膏，展露出明亮動人的雙眸，完全不似曾經失明過的神態。

吃驚的新郎還直謝老天爺，以爲是上天被他的誠意感動了，讓新娘子在此刻恢復了健康。後來，女孩才將情況據實以報，他也才知道，原來那是女孩爲了找出眞情人的計謀。

從這個故事中，我們可以知道人與人之間交情的深淺，不只能靠時間長短來得知，更能從你突然的遭遇與變故中發現。

因爲，當我們越是在危難中，越能看見眞誠相待的人，那些眞心對你伸出援手，願意幫助你走出深淵的人，才叫眞朋友。

因爲個性迴異或一時鬧了彆扭的親情手足，有時也會用貌似嘲笑的關懷言語，讓對方得到一些安慰，快速地彌補差異與裂痕，縮短雙方的距離。

曾經有一對夫婦，大吵一架之後，感情出現了裂縫，重感情的丈夫事後很後悔。於是，他把妻子帶到窗前，探望窗外的一幅景象，那是兩匹馬一同拖著一車乾草往山上爬的景象。

丈夫輕輕地說：「爲什麼我們不能像那兩匹馬一樣？」

妻子回答說：「因為，我們兩個之中有一頭是驢子。」

丈夫聽見妻子這麼說，換了個笑臉，溫情地表達：「是的，我也這麼想，那麼我們就別再吵了，大家笑一笑，請良馬同情一下那頭可憐的驢子吧！」

妻子不禁笑了一聲，兩個就這麼和好如初。

一般人認為，不論在什麼情況下，半諷喻、半包容的幽默力量，最有治療的功效，那一點也不傷害人，反而更透露出一種濃厚的人情味。

這裡還有一則趣味故事，馬克吐溫在鄰居的圖書室裡閱覽書籍時，有一本書深深地吸引了他，好學的他便問鄰居可否借閱。

鄰居先是答應了，卻又說了個「但是」：「歡迎你隨時來此閱讀！但是，你只能在這裡看，你知道，我有個規矩，我的書不能離開我的房子。」

幾個星期之後，這位鄰居來拜訪馬克吐溫，向他借用鋤草機。

只見馬克吐溫說：「當然可以，但是依我的規矩，你得在我的庭院使用它。」

就像馬克吐溫一樣，當我們想要改變別人的態度時，常常需要用趣味的方式，用善意的幽默來影響他人，以其人之道還治其人之身。

一個在工作或生活中完全失敗的領導者，很容易衆叛親離，但是，也不是說親朋好友越多越好。

當你處在領導地位上，有求於你的人也必然愈多，他們或與你攀親戚，或認同鄉，或敘同窗情誼……領導者在與這些人交往中得多留個心眼，因爲與你最親近的人，可能對你的傷害最深。

總之，我們不僅要多花點時間，去看見難測的人心，更要小心地防範人們的別有居心。

PART 4

選擇下屬，也要選擇上司

身為等待被提拔的我們，不能完全處於被動的地位，

因為，在上司選擇我們的時候，我們也必須選擇上司。

如何表現自己最有利？

表現自己時過於露骨，張口閉口不離自己如何好、別人如何壞，或是自己如何精明能幹，如何技高一籌，很容易引起別人的反感。

在社會上，我們經常可以聽到這樣的議論：「這個人光會耍嘴皮，沒有眞才實學，才做芝麻大那麼一點事，就要四處張揚。」或者，有領導者勸誡部下：「要踏實些，少說多做。衆人的眼睛是雪亮的，不要怕大家不知道。」

如果，有人用了這些話來評價你，那就是說，你在表現自己方面打了一個大敗仗，而且是輸得一團糟。因爲，善於表現自己的人，往往能做到在不知不覺之中展露才華，並且讓人產生好感。

有的幹部一有空就找上司閒談，當然是什麼都談，談工作也談私事，如此一來，就能把自己想要說的東西「夾帶」在裡面兜售出去了。

爲了表現自己，讓上司知道自己爲公司付出了些什麼，不必過度強調自己的付出，你可以盡力抬高你的同事，因爲你把他抬高，也就等於抬高了自己。而且你不必吹噓自己，只說你的同事或助手如何優秀，反而更能讓領導對你增添好感，讓他認爲你是個謙虛而沒有嫉妒心的人，更是個有親和力的可靠員工。

相反的，有一種人則不會表現自己，或者表現自己時過於露骨，張口閉口不離自己如何好、別人如何壞，或是自己如何精明能幹，如何技高一籌。

這種表露方式很容易引起別人的反感，也許當你拼了命地吹噓自己時，上司也早已在心裡暗罵：「小子，還嫩了點，你尾巴一翹，我就知道你要幹什麼了。」

相對的，如果是另外一個人講你的好話，效果就遠遠比自己講要強得多。

這裡有一則寓言故事可供我們參酌。

猴子和貓在森林裡一同遊玩，可是到了晚上牠們又凍又餓，這時，牠們發現有個獵人燒了一堆篝火，而且火裡面還有香噴噴的栗子。猴子很想吃，但是又沒有辦法將栗子從火堆中取出來。

於是，牠心生一計，拼命地吹捧貓如何聰明能幹，而且是世界上最仁慈的動物。不久，猴子見貓被捧得如騰雲駕霧，便叫貓用爪子將火堆中的栗子刨出來，與自己一齊分享。

果不其然，貓立即順著猴子的吩咐去做。每當牠辛苦地掏一個，猴子便吃一個，儘管貓的爪子被火燒得痛疼難忍，然而卻仍然聽著猴子的吩咐，繼續往火堆中掏出栗子。

這個故事要告訴我們，自己做不了的事情，可以考慮讓別人來做。如果你急於想讓上司或領導者瞭解你，並對你投以關注的眼神，不妨讓一個與你關係最密切的人去替你說說，只要處理得好的話，即使只有一句話也能解決大問題。

不過，想採取這種方式必須謹記兩點：

一是，你找的人必須是知心朋友，必須忠實地執行你的意圖，並達到你所想要達到的目的。

如果你物色的人並不知心朋友，或者心中還有點「花花腸子」，那麼你就很可能會栽在他手裡。

儘管他會按你的說法去吹捧你，心中卻可能暗藏殺機，很容易讓你的上司知道這完全出於你的指使，而且不留任何痕跡。這樣一來，不啻是「聰明反被聰明誤」，讓上司對你產生極度反感，認爲你只不過是一個小人而已。

二是，必須點到爲止，不可吹捧得太過火，因爲你的上司畢竟比你多了些經歷，過於露骨，他便會發現其中的玄機。

總之，採用類似的方法，成功的關鍵在於一個「巧」字，欲使用這個方法仍然要非常謹慎。

先學會與老虎共處

平時領導者渴望下屬能柔順似貓，唯唯諾諾，但是在真正關鍵的時刻，他需要的卻又絕對不是這種奴性十足的小人。

古人常說「伴君如伴虎」，意指臣子在侍奉君主之時，言行必須非常小心，既不可捻弄虎鬚，更不能亂拍老虎的屁股，否則隨時都要丟掉性命。直到今日，這句警示語仍然相當適用於現代化的社會，那就像是下屬與上司之間，一樣得保持著伴君如伴虎的相處態度。

那麼，上級與下屬到底有著什麼樣的關係呢？是一種指揮與被指揮，一種高聲發號施令者與唯唯諾諾執行者的關係嗎？

當然不只是如此，如果身為上司的你只是這麼認為，那麼，你恐怕很難成為一位優秀的領導高手；如果，身爲下屬的你也只是這麼想的話，日後恐怕也很難成爲一個最有前途的人。

因爲，眞正善於服從上司的人，往往也是個善於駕馭上司的人，而那些只懂得獨尊重領導者的人，則多半是平庸而沒有實力的人。每個人都希望能平步青雲，然而，許多人都忘了不卑不亢的待人處事基本原則。

如果有人說，不會巴結上司的人是沒有前途的人，那麼缺乏尊嚴和人格的人難道又能有什麼作爲呢？

在處理與上司之間的互動，無論是「過剛」還是「過柔」，都不是成熟的表現，而這些也是在工作場合中，你我應當盡力避免的弊端。

這裡特別想指出的是，有人以爲，只要平時唯唯諾諾、唯命是從，對主管服服貼貼、勤拍馬屁，便會成爲上司跟前的紅人，成爲上司的左右手。他們相信如此一來，自己便會比其他人有更多的晉升機會。然而，我們可以這麼斷言，這種人雖然可以獲得一時的權勢與利益，卻絕對難成氣候。

換個角度看，有的領導人相信能對自己唯命是從的人才是心腹，而任由那些好拍馬屁的小人得意橫行，一旦抱持了這種觀點，那也表示這樣的領導者只看到問題的一面，忘了考慮長遠的未來。

就像歷史故事中，那些昏庸君主只要遇上了小人，最後必然落得國破家亡的結局，成了亡命之君。

古往今來，人們一直把這類故事拿來作負面教材，用以教育並提醒後代的領導者與部屬，我們又怎能重蹈覆轍？

所以，在上司和領導者面前應以不卑不亢作爲準則，過於露出「媚態」和「媚骨」，往往受人鄙視，造成不良的印象與後果。

雖然，上司有時候也會對部屬的這種媚態表現給予關愛的眼光，但是那畢竟是少數，稍有警覺與管理頭腦的上司，私底下對於這種人多半是不屑一顧，不願有太多的接觸，因爲他們很清楚這些人難成大事。

我們經常在電視、電影中看見這樣的場景。有位官員正爲某件棘手的事，急得在房屋裡走來走去，這時必定有一個不知趣的僕人或下屬緊跟在後，並喋喋不休地安慰主子，說些好聽話，或虛情假意地問候主人的需要。緊接著，主人一個轉身，不小心撞上了跟在後面的人，於是怒火一起，便二話不說地賞了他幾個巴掌，或一腳將他踹倒在地。

也許，有人會替這位僕人或下屬感到委屈，然而，正是在這種情景下，我們才能看見上司或領導者對於下屬的眞實心態。這種心態是極其矛盾的，很多時候更是難於理喻的。

平時領導者渴望下屬能柔順似貓，唯唯諾諾，但是在眞正關鍵的時刻，他需要的卻又絕對不是這種奴性十足的小人。於是，爲了自己，在非常時候他會毫不留情地像扔破鞋一樣，將只會迎逢拍馬的馬屁精踢得遠遠的。

所以，抱持著「伴君如伴虎」的心態，並非只是爲了保護或發展自己，應該是要讓上司覺得，你是不可或缺的人，平時你也要全力配合上司所需，讓上司感覺到你的尊重與忠誠，並能在緊急狀況時成爲他最重要的援手。能夠如此，未來的天空就一定會是你的。

設法和上司做朋友

不想看見上司可怕的臉孔，擔心被他們的情緒掌管，那麼就學著將心比心，讀懂他們的心理與希望，你自然能輕輕鬆鬆地享受成功的滋味。

只要我們掌握了人們希望受尊重、渴望被理解的心理，我們便掌握了一條成功交流的方法和途徑，升遷之時也能少走幾條彎道。

如果有誰說，上司與下屬之間的關係，沒有功利或現實利益的因素在裡面，那麼他恐怕太不懂得生存之道。但是，如果說這其實是一種利用和被利用的勢利關係，卻又言過其實。

在這個問題上任何片面的認知和偏執，都會帶給我們不利後果，甚至讓我們在人事關係上碰得滿頭包！

處理這種從屬關係，我們不僅要有理智，更要盡力地處理得圓滑些，並且讓事情能更「人性化」一點。

有一種人，總是非不得已才肯與主管打交道，平時即使是點個頭打招呼也不願多做，一發生事情，就慌慌張張地四處求助，直到求助無門，亂了方寸，才硬著頭皮找主管出來當「靠山」。

這樣前倨後恭的方式當然很不得體，而且效果往往很不理想。

許多人提出請求，總是表現出自己迫不得已的情況，那不僅很現實，更會讓人有種被利用的感覺。

有人花錢破財，有人哭喪著臉向上司求助，好心一點的上司，也許會心軟幫助他們，但是如果碰到剛強的人，那恐怕得吃閉門羹了。所以，爲什麼不把「平日燒香」的工作做在前面，卻要老是「臨時抱佛腳」呢？

其實，平時沒事的時候，不妨和你的上司做朋友吧！

有事沒事找他喝喝茶、談談心，在這種情況下，你並不是要去求他辦什麼事，對你來說只是個「平時燒香拜佛」的小舉動，而上司也不有會被利用的感覺，很容易便能接受你了。

一旦你有事需要他的幫忙，就像朋友般尋找友人援助，他自然會對你提的要求感到難以推卻，而儘量想辦法幫忙解決。

總之，不要讓人有被利用的感覺，要讓他們認爲自己是在幫朋友解難分憂，那麼你不僅賺到一個朋友，在成功的道路上也多了一個重要的助力。

此外，主管也是人，表面上他們高高在上，不過，有位心理學家也曾提醒我們：「越是表現得盛氣凌人，他的內心深處越有難言之隱，那些不可一世的人，其實上帝一開始便讓他們成為一個弱者。」

設身處地想一想身邊的主管，他們是不是難逃這位心理學家所做的斷言？

雖然他們身處高位，每天接受下屬對他的恭敬，但越是如此，他就越是明白，他只能憑靠頭銜和職位才會被人尊敬，萬一被一陣大風吹走了烏紗帽，他將會變得一文不值，甚至於成爲人們取笑的話題人物。

雖然是上司，但是他們心中的「不安全」的感覺經常會被突顯出來，甚至不斷放大，造成心理失衡。

有人在無意間受這種意識和心理的驅使，對於握在手上的權力便會有不安全感，性情也會變得窮兇極惡，甚至濫用職權。

於是，有人貪贓枉法，卻大言不慚地辯解：「有權不用，過期作廢。」

其實，不妨試著和你的上司做個朋友，不想看見他們可怕的臉孔，擔心被他們的情緒掌管，那麼學著將心比心，讀懂他們的心理與希望，你自然能輕輕鬆鬆地享受成功的滋味。

要站著做人，不要跪著走路

成功的人懂得在挺直腰桿走路時如何暫時屈膝，那些長久跪著走路的人，是不可能成就大業的，因為人不可有傲氣，卻不能失去傲骨。

如果，我們不能以人的姿態出現在上級面前，時間一久，連上司也自然而然的將你看成一匹馬或者一條狗。

大陸作家王朔曾經寫了一本著名的小說《站直，別趴下》，從此一炮而紅，這本小說故事後來還被改編成電影，締造另一項佳績。

這本書中的主旨大意在於，無論生活對你有多麼不公平，你都沒有理由放棄生活，你必須學會抗爭，必須認眞地做一個挺直腰桿的人，並且維護、保持身爲一個人的尊嚴和人格。

只有能挺直腰桿做人的人，才能成爲一個強者。

或許有人會反駁：「身爲下屬的人員幾乎聽任上司使喚，常用『效犬馬之勞』的說法，成爲任人騎的馬，或任人使喚的狗，如此，又怎能不低頭呢？又如何能保持尊嚴與人格呢？」

這種觀點只看到問題的一面，那就是作爲下屬，當然必須與上司保持良好關係，並且服從與尊敬。

但問題還有另外的一面，那就是，如果我們不能以人的姿態出現在上級面前，上司自然而然地對你招之即來，揮之即去，你在他的面前完全喪失了自我，完全沒有展現才華與能力的機會。

如果是這樣，你還有什麼晉升的機會？還能談什麼未來前途呢？

因爲，你在他面前已經等於零，有你無你皆可，提拔不提拔你更是無所謂。

所以，在尊敬和服從上司的時候，我們必須記得，在適當的時候不妨使使性子，不妨帶點「刺」。

當然，選擇的時機和場合一定要適當，並且一定要拿捏好分寸，千萬不要出現

「過」與「不及」的情況，否則便會適得其反，破壞自己與上司彼此的關係，把事情越弄越糟。

比如，你的主管做了一個很不適當的決策，如果他是個很有責任心的人，只要你能提供充分的論證和資料，便可以委婉地反對，並盡最大的努力說服他，使他明白自己的失策和認知上的偏差。

只要通過了，他便會認定你是個有頭腦、有膽識的人，而非那種庸庸碌碌的等閒之輩，那麼你往後的升遷機會必將大大提升。

但是，如果這位上司是一位私心較重且極要面子的人，那麼你就得三思後行，必須考慮到正常工作以外的其他因素，考量他可能有其他苦衷，只要不貿然反對，你就不會激怒了這頭「獅子」。

在《雍正王朝》中，我們可以看見七品小官孫嘉淦對於雍正皇帝的失當之舉拼命死諫。由於當時的山西巡撫欺上瞞下，浮誇虛報政績，連皇帝也被蒙蔽，還封他爲「天下第一巡撫」，經過孫嘉淦多方查證下，收集了大量證據證明這位貪官的罪狀，才使眞相大白。

於是，他上奏雍正皇帝，要求處斬該巡撫，然而雍正礙於面子遲疑難決。孫嘉淦卻得理不饒人，天天集衆上朝力爭，使雍正皇帝又氣又恨，最終還是把那位巡撫正法了。

對於孫嘉淦，雖然雍正相當惱恨，可時間一久，他卻覺得這樣有才能、膽識的忠臣實屬難得，便將他連升三級，破格任用。

再者，征西大將軍年羹堯曾爲清朝立下汗馬功勞，因而居功自傲，一點也不將皇帝放在眼裡。雖然雍正皇帝對年羹堯的所作所爲瞭如指掌，但是因爲他曾立下大功，又是皇親，而舉棋難定。

在這種情況下，孫嘉淦又聯合其他大臣力諫雍正皇帝，使得雍正決心要掉奸臣，大義滅親。

從孫嘉淦直言勸諫的忠誠行動中，我們可以得見，他的耿直並沒有讓他變成一個唯唯諾諾的奴才，雖然多次頂撞皇帝，也沒有影響他的升遷，反而是每頂撞一次便升官一次。

這其中充分說明了一個道理：「一味地遷就和服從上司並不能使你平步青雲，

反而會喪失自我，損害自己的尊嚴和價值，如此不但升遷的機會少，更會受到上司的唾棄。」

學會如何據理力爭，並能力諫上司修改錯誤，走向正確的道路，反而可使上司和同事、下屬瞭解你的才華與膽識，也瞭解你的人格和品行。

成功的人懂得在挺直腰桿走路時如何暫時屈膝，那些長久跪著走路的人，是不可能成就大業的，因爲人不可有傲氣，卻不能失去傲骨。

選擇下屬，也要選擇上司

身為等待被提拔的我們，不能完全處於被動的地位，因為，在上司選擇我們的時候，我們也必須選擇上司。

就像我們在挑選下屬一樣，面對自己的上司，我們並不是完全處於被動的地位。當上司選擇我們的時候，我們也必須儘量去選擇適合自己的上司，雖然有時候並不能那麼隨心所欲。

總之，維持從屬關係最重要的一點，便是要確立一種互相依賴、互相信任的良性互動。這種良性聯繫，包括以下兩點：

第一，尋找你欣賞的上司。

第二，對你欣賞的下屬應該委以重任。

只有將這二者結合起來，才能具備處理好上下關係的基本條件。

有人自認有能力和才華，言行舉止中總是恃才傲物，反而不能發現能給自己有更大發展空間的上司。

現實生活中，每個人的喜好與偏好不同，相同的，主管欣賞的人才也一樣。對於同一個員工，有的領導人會說他油嘴滑舌、不學無術，但是，另外的領導人也許對他讚譽有佳，認爲他機敏過人，頭腦靈活。

因此，身爲等待被提拔的我們，不能完全處於被動的地位，因爲，在上司選擇我們的時候，我們也必須選擇上司。

如果你的性格內向，拙於言詞，而且在短時期內不大可能改變自己，那麼，你選擇上司之時，就要找能接受你的性情，同時也容易理解你的所作所爲、所思所想這種類型。

如果你是那種圓滑世故，「手腳俐落，頭腦靈活」之類的人，那你在選擇上司的時候也應該向同類型靠攏，這樣較容易獲得認同，你也不需要花太多心思就可達到溝通的效果。

但是，有一點必須切記，任何事情都有正反兩面，有利必有弊，在上司與下屬的關係上也是如此。

性情相同或相近的領導者與下屬一起做事，優點在於易於溝通，很快就能產生配合默契，工作效率相對較高，但也有一個致命的弱點，那就是你們太瞭解彼此，雙方的缺點和短處也一覽無遺，盡收眼底。

不過，從整體上來看，還是性格相同或相近的上下級在一起共事較為妥當。

所以，如果你發現你的上司在性格上是與你恰好相反的人，那麼，你應該在可能的範圍之內，儘量避開他或另謀高就。

如果上司是個性格和你大致相同的人，那你就應該感到慶幸，因爲你將有一個皆大歡喜的結局。

歷史上很多高士和名人，之所以名垂青史，其中一個很重要的原因就在於他們都深知「知遇」的意義。

「姜太公釣魚」就是一個典型的例子。

身懷經天緯地之術、有變通古今之才的姜太公，到了八十歲都還沒能出仕，只因他還在等待賞識他的伯樂，直到周文王出現，禮賢下士，他才有機會感受知遇之恩，協助文王創下霸業，永留於史。

常言道：「士爲知己者死，女爲悅己者容」，諸葛亮與劉備的故事，就是最典型的例子。

劉備爲了復興漢室，三度前往諸葛亮的住所，想請諸葛亮協助大業，三顧茅廬的誠意感動諸葛亮，使得一代名士爲了感念劉備的知遇之恩而鞠躬盡瘁。

這兩個例子都說明了，一個領導者倘若能知人善用，禮賢下士，便能締造雙贏的局面。

拍馬屁要拍得皆大歡喜

馬屁想拍得皆大歡喜，要從一點一滴開始累積，經常留意上司的言行舉止，並適度地說些美言，只要上司開心，你的日子就舒暢多了。

希望融洽地與上司相處要講究方法，首先你必須對上司的性格瞭如指掌，並用相應的對策來適應他的個性和好惡，如此才能與他愉快地相處、溝通。

想拍好馬屁也是這個道理，倘若你尚未摸清上司的習性就亂拍馬屁，極可能發生「拍馬屁拍到馬腳上去」的情況，萬一對方又是匹烈馬，很有可能送你一蹄，把你踢成了重傷。

每個人的性情都不相同，各式各樣的性情，往往讓人難以捉摸。

在工作場合裡，我們最常見的是喜歡戴高帽子的上司。

這類上司只聽好聽的話，下屬只能報喜不能報憂，一旦聽見不順意的話，他便會耿耿於懷，只要一不如他心意，下屬只能等著看他的壞臉色。

想應付這種人的話，說話便要懂得拐彎抹角。如果你不喜歡說些虛僞言詞，卻又沒有過人之處，那麼你就得改改你的倔脾性，要不然只能另謀高就了。

因爲，在這位上司底下，你被提拔的機會幾乎是零，即使你有特殊的才華，他也不一定會遷就你。

不過，換個角度看，學會讚美上司倒也不是多麼困難，我們不一定非得虛僞待人，只要技巧性地誇讚他的優點長處，那你自然不會成爲虛僞一族。

每個人都有其長，也必有其短，只要對他的優點和長處加以適當地放大、突顯，豈不是皆大歡喜？

從前有位大戶人家生了一個寶貝兒子，滿月宴那天，各方親戚朋友都來了。

只見主人將孩子抱了出來，其中有位客人便信口開河說：「貴公子的面相極佳，未來肯定是個大官。」

另一位客人又說：「不對，不對，這個孩子將來肯定是個大財主。」

還有一位客人則讚美小孩的面相：「貴公子好福相啊！一定會長命百歲。」

總之，大家都儘量說恭維的吉祥話，這時卻有個不識趣的老人說：「不管怎麼說，這孩子最後終將一死。」

主人一聽，氣得七竅生煙，恨不得當場剝了這老頭的皮，而賓客們也紛紛指責他胡亂說話。

其實，換個角度想，這個客人說的是實話，他認爲有生必有死，任何人都不可能逃過這個自然的法則，這個孩子雖然剛剛滿月，但一樣會老，終有一天也必定會死，所以他的話並沒有錯。

問題是，大家都不喜歡這種眞話，更不喜歡被觸楣頭。即便是你，也會說這位老頭活該被罵，因爲他不能投人所好、避人所諱。

馬屁想拍得皆大歡喜，要從一點一滴開始累積，經常留意上司的言行舉止，並適度地說些「你這個辦法眞高明」、「你比他們強多了」……之類的美言，只要上司開心，你的日子就舒暢多了，不是嗎？

想晉升，就先摸清上司的個性

只要你能摸清上司的脾氣性情，捉準領導者跳動的脈搏，便能正確地處理好彼此之間的關係。

有一種領導幹部不管走到哪兒都喜歡獨斷攬權，喜歡高高在上的感覺，說什麼也絕不讓人有機會參與，你給他八分權，他必定會透支到十二分。

蒲松齡在《聊齋誌異》中有篇寓言，譏諷那些貪得無饜、慾壑難填的領導者，就像一種甲蟲類的昆蟲，特喜歡背負東西，只要牠看見東西，便想全部往背上扛，越扛越多，經常重得連路都走不動。有一次，牠因爲負載過重，而從樹上重重地摔了下來。路過的行人看見了，很同情牠，便好心地將牠背上的東西卸了下來，沒想到過不了多久，小甲蟲的背上再次又背滿了東西。

那些喜歡攬權的人與這種甲蟲相去不遠，他們的這種領導作風很令人討厭，而且也不太好對付，但是你反而得更認眞地去對待，因爲，一旦處理不當，那麼你隨時都要丟了飯碗。

其實，你可以儘量滿足他的胃口，他想抓什麼你就讓給他，即使他還沒有想到的，或還沒抓到手的事，你也要主動讓給他。時間久了，他就會愈積愈多，愈積愈艱難，當他無力繼續前進時，不用你多說，他就會主動提出卸下包袱的要求，開口請你幫忙，讓你有表現的機會。

也許，當你在幫忙分擔任務時，他可能還會故態復萌，但是一般來說，經過幾次這樣的互動之後，他便會有些改變。

此外，有許多領導人往往目中無人，喜歡吹噓和擺架子，如果很不幸的，你的上司是這樣一個愛吹牛的井底之蛙，儘管有許多看不慣的情況，你卻又敢怒而不敢言，那麼你就得多動點腦筋了。

首先要知道，跟上司作對絕不是明智之舉，然而採取「拍馬屁」的做法，卻也太不切實際，因爲這還得靠運氣，看你是否能把馬屁拍得恰到好處。

大部分人都喜歡戴高帽，所以，想討好上司也不是多麼困難的事。不過，問題的關鍵在於形勢的瞬息萬變，如果盲目地花大量的精力和時間去拍馬屁，肯定是件不划算的事。

那麼，我們不就要言聽計從、任人擺佈？

當然不是了，你需要在不喪失原則和損害個人人格的情況下，儘量遷就對方，這樣就足夠了。

有種人天生脾氣暴躁，情緒容易失去控制，遇上這樣的上司，你就只能自認倒楣，想想看有沒有什麼更好的方法應對。因爲這類型的人，情緒都很不穩定，時好時壞，時笑時怒，變化無常，或許稍不留意的一句話，便能引來他拍案大怒。

這種類型的人個性多數是固執的，不易聽進其他人的意見，也不容易對自己的弱點進行反省，至於改變性情那就更不用提了。

根據心理學家的分析，經常讓員工心驚膽跳的領導者，只是權力慾太盛，而你也只能在自我保護上多下點功夫。

當上司大發雷霆時，別試圖解釋什麼或打算推卸什麼責任，而是要冷靜地說「可能是我搞錯了」，或者說「下次一定注意這個問題」，然後盡可能迅速地離開辦公室。千萬不要與他辯論或訴說委屈，這樣只會越弄越糟而已，因爲即使問題眞的不出在你身上，但是此時此刻，他只是想發洩情緒，你又何必當炮火的目標呢？

以上所論及的，只是幾種較爲典型的脾性，以及我們應當採取的對應措施，只要你能舉一反三，必定可以觸類旁通，具備必要的推理和演繹能力。其實，想與上司「和平共處」，並把握每一個晉升的機會，盲目的討好和謙卑是無濟於事的，自恃才能與上司頂撞更是不明智的。

只要你能摸清上司的脾氣性情，捉準領導者跳動的脈搏，便能正確地處理好彼此之間的關係。

適當表現自己有加分作用

德國哲學家尼采曾這樣評說：「任何一位天才的誕生，都是以無數天才的被埋沒為代價的！」

善於表現自己的人，往往能做到「潤物細無聲」，能在不知不覺之中使人瞭解他的才華，並且對他產生好感。

做人要沉穩持重、老成世故，凡事不可過於張揚、誇張，這樣會引起上司和同事的反感和嫉妒。

另一方面，想要出人頭地，那就要適當表現自己，善於將自己的優長之處以妥當的方式表現出來，並且小心地別引來不必要的麻煩。

因此，偶爾反其道而行，將事物發展的趨勢引向積極的一面，並引向有利於自己的一面，也是個不錯的技巧。

有人說：「會哭的娃兒有奶吃」，因爲會哭的娃兒能夠吃到比其他孩子更多的奶，長得比其他孩子更高壯，更加白白胖胖，也更惹人疼歡。只因爲他比較會哭，而且他的會哭會鬧不至於引起父母的反感，而是讓父母親對他多了一分憐愛。

德國哲學家尼采曾這樣評說：「任何一位天才的誕生，都是以無數天才的被埋沒為代價的！」

這是相當一針見血的說法，一個天才的出現，有著其必然性與偶然性的結合，有時還有著決定性的作用。

譬如達爾文的進化論，被稱爲十九世紀的三大科學發現之一，對歷史的進程、各種自然科學的發展與人文科學的研究，產生了極爲深遠的影響，也可以說是少有的革命性影響。

有了進化論，關於生物進化之謎和人類終極走向的脈絡，就變得清晰可循，也更加明朗化；有了進化論，長期困擾社會科學家的重大問題也迎刃而解了。

然而，當中外各階層人士將花環紛紛拋向達爾文的時候，誰也不曾想到，還有一位叫理查德的英國生物學家，也取得了不亞於達爾文進化理論的研究成果。達爾文在他所寫的《物種起源》自序中也坦率地說明，他之所以要加快速度寫出進化論，並盡可能快地將它付梓，其中有個很重要的原因就在於，理查德也出人意料地得出了與他相似的結論。

也就是說，理查德原本應該成爲一個與達爾文並駕齊驅，與他享有同樣聲譽的生物學家。

然而，事實是相當殘酷的，到目前爲止，絕大多數的人都只知達爾文，完全不知道誰是理查德。

整個進化論與達爾文的名字是合而爲一，世人並不知道還有另外一位天才生物學家也提出過進化論。

達爾文是一位具有天賦的生物學家，同時也是一位善於表現自己、讓世人充分瞭解自己的科學家，他的成功秘訣就在於，以最快速的方式表現自己的才華。

這個故事向我們揭示了一個道理：「無論你多麼有才華，無論你有多麼偉大，你應當讓世人瞭解你，知道你，這是你展現才華的機會，也是你重要的權利。」

在我們的日常工作中，同樣要讓上司和下屬充分地瞭解自己的才華。

經常有這樣的情況，同樣是職務相當、才能相當的兩個人，一個踏實拼命，但是他卻從來都不願「表功」，不願「邀功請賞」，結果機運總是很差，升遷更是無門。然而，另一個則與他形成強烈對比，另一位雖然工作不太踏實，但是卻善於與領導和下屬溝通，善於表現自己，這些「良好的人際關係」往往是他平步青雲、一帆風順的最佳媒介。

所以，適當地表現自己的才華是十分必要的，不過才能想表現得恰適，卻又是另一番學問了。

PART 5

容忍缺點，才能善用優點

人有長處，也有短處；優點越突出，缺點也越突出，領導者既要重用人才的長處，就要能容忍他的缺點，才真能得到人才的幫助。

不計恩怨才有人才可用

用人就是要用他的長處，不可執著於他的小過失，也不可執著於過往的恩恩怨怨，否則天下就沒有人才可用了。

知識經濟的年代，是個高度競爭的年代，同時也是許多領導人缺乏自信的年代。許多領導人在「殺戮戰場」裡表現得有氣無力，甚至自卑猶豫、瞻前顧後，言談之間都缺乏自信的魅力。

這樣的領導人對前途充滿悲觀，既不敢正視自己，得不到別人幫助，也沒有容人的器量，更別提和敵對過的人合作了，結局自然走向滅亡。

對於一個幾乎用箭把自己射死，又曾經保護和追隨自己政敵的人，你敢用他嗎？有器量用他嗎？

春秋五霸之一的齊桓公就大膽地重用了這樣一個與自己有「仇」，但確實能輔佐自己的良才——管仲。正是因爲齊桓公能忍住個人的恩怨，不拘小節、大膽重用人才，才使他成爲春秋戰國時代的霸主。

齊桓公原名小白，是齊國公子之一，而管仲原本是小白之兄公子糾的師傅。齊國的君主僖公死後，各公子相互爭奪王位，到最後只剩下公子小白與公子糾兩人競逐；那時，管仲爲了替公子糾取得王位，還曾用箭射傷公子小白。

不過，最後的結果是公子小白搶先一步回到齊國繼承王位，是爲齊桓公；至於幫助公子糾爭奪王位的魯國，在與齊國交戰中大敗，只得求和。於是，桓公要求魯國處死公子糾，並交出管仲。

這個消息傳出後，大家都非常同情管仲的下場，因爲被遣送到敵方，無疑會被折磨致死，甚至有人建議說：「管仲啊！與其厚著臉皮被送到敵方，你不如自己先自殺吧！」

但管仲聽到這個建議後，只笑笑地說：「如果齊桓公要殺我，我當初就會和主君一起被殺了；如今還找我去，就不會殺我。」

就這樣，管仲被押回齊國。意外的是，齊桓公馬上任用管仲爲宰相，這等禮遇連管仲自己都沒有想到。

事實上，管仲之所以能當上宰相，與他的好朋友鮑叔牙有很大的關係。他們年輕時，曾秘密約定輔佐齊國國君成就霸業，當時在公子糾處當師傅的管仲對當公子小白師傅的鮑叔牙說：「齊國未來的國君必定是公子糾或小白，其他公子都不配繼承。希望將來不管是誰繼承王位，我們都能合力輔助那位新君主。」

最後，公子糾失敗，桓公繼位，因此鮑叔牙從中說項，救了管仲一命，並且推薦他爲宰相，遵守了彼此的約定。

鮑叔牙年輕時就發現了好友管仲卓越超凡的才智，彼此間的友情也非常深厚。

某次，兩人一起去做買賣，鮑叔牙將所得利益的四分之三給了管仲，因爲管仲家窮，鮑叔牙認爲這是應該的。

又有一次，管仲爲鮑叔牙做了一件事情，反而使鮑叔牙陷入困境，不過鮑叔牙認爲管仲的立意是好的，絲毫沒有怨恨管仲。由這些事情可以看出鮑叔牙對管仲有如自家兄弟一般。

其實，鮑叔牙本身也是個很有才略的人，深謀遠慮，處事恰如其分，對於形勢與人才的判斷也正確無誤，在兩位賢臣共同努力之下，齊桓公才能平定亂世，成爲春秋時代的首位霸主。

因爲知道管仲是個極有才幹的人，鮑叔牙不因管仲貪小財就看不起他，而齊桓公因爲要用人治國，也不計較管仲曾射了自己一箭的小仇。正是這樣，管仲才能發揮他的才智，齊國也才能成爲強國。

如果只是一味地考慮對方的小毛病，那麼這世界上哪有完人呢？

用人就是要用他的長處，不可執著於他的小過失，也不可執著於過往的恩恩怨怨，否則天下就沒有人才可用了。

放心，屬下才能發揮積極性

如果對一個人才既要用其所長，又總是不放心，就會阻礙他能力的發揮。只要充分信任和支持，就能最大限度地發揮他的智慧和創造性。

戰國時代，魏國君主魏文侯任用武將樂羊攻打鄰國中山國，但樂羊的兒子樂舒卻是中山國國君姬窟的親信。大臣們議論紛紛，認爲樂羊會袒護他的兒子，不會盡心盡力去攻打中山國。

不久，魏文侯請樂羊來面談，兩人坦誠相見，疑竇頓消，魏文侯仍命樂羊爲帥。樂羊攻打中山國後，爲爭取城中百姓的支持，曾圍城數月而不攻，於是猜疑、攻擊樂羊的奏書紛至沓來。

然而，魏文侯不但沒有撤換樂羊，反而不斷派員慰問前線將士。終於，樂羊打敗了中山國，凱旋歸來。

爲此，魏文侯特地爲樂羊開了慶功宴，並在宴會結束後賞賜他一個箱子。樂羊心想這必定是國君賞賜的黃金美玉，誰知打開一看，裡面裝的不是金銀珠寶，而是大量非議、中傷自己的奏摺。

看到這些奏摺，樂羊深爲魏文侯的信任而感激，之後魏文侯要賜予樂羊封地、高官時，樂羊都再三推辭、堅決不受，並成爲魏文侯座下最忠心的臣子。

用人不疑，才是領導者的大智慧。沒有魏文侯知人善任、用人不疑的風度，任憑樂羊有再高的軍事才能，也不能取得勝利，也無怪乎樂羊之後會如此感激。

凡是有作爲、有經驗、心胸開闊的領導者，都懂得「用人不疑」這個道理，但是，眞正做起來是很不容易的。看看歷史上，有不少偉大人物稱得上蓋世英雄，但在對待人才上，卻常常犯了「用且疑」的錯誤，甚至由於那些「疑」而致使功業廢敗。如楚漢相爭的項羽、《三國演義》中的曹操，都是一代雄才，可是都由於中了「反間計」而上當。

項羽猜忌謀士范增是叛徒，不再信用，結果使范增憤而離去；曹操懷疑水軍總督蔡瑁要投奔孫權，結果蔡瑁被殺，從而造成赤壁之戰的失敗。

所以，企業領導者不可輕信閒言碎語，應明白世上有愛才、薦才之士，也有妒才、誣才之人。魏文侯信任樂羊，面臨眾多猜疑、攻擊的考驗；現實生活中，那些說短道長、到處播弄是非、暗中打小報告的人仍時有所見，領導者絕不能輕信妒賢嫉能者的閒言閒語，而失去了大好人才的幫助。

如果對一個人才既要用其所長，又總是不放心，就會挫傷他的積極性，也會阻礙能力的發揮。相反的，只要放手大膽地讓人才去發揮，充分給予信任和支持，就能最大限度地發揮他的智慧和創造性。

驕矜悅己當然拒人千里

做人應該謙遜、和藹，這樣別人才願意親近你，才能獲得大眾的支持、打下群眾基礎；反之，若高傲自大，當然人人都會遠離你。

《菜根譚》裡有句警語說：「蓋世功勞，當不得一個矜字。」一個人就算對國家有大功，成為天下萬民景仰的英雄偉人，一旦有了自誇其功的行徑，不但會喪失人們對他的佩服與敬重，甚至還會招來禍患。

領導者須知「一將功成萬骨枯」的道理，任何豐功偉業都不可能是由一個人創建起來的，而是由千千萬萬的屬下拋頭顱灑熱血地鋪墊而成。沒有這些人的默默付出，就沒有辦法成就耀眼的英雄，要是把功勞全都佔為己有，自然會引起眾人的反感。

東漢光武帝劉秀即位後，蜀地有位叫公孫述的人自立爲王，與劉秀對立。這時，西北隴地的隗囂族王，正困惑於不知應投靠光武帝還是歸順公孫述，於是派屬下馬援前往公孫述處打探。

馬援與公孫述原是舊知，本以爲這次前往，公孫述定會像以前那樣歡迎他，誰知馬援到蜀地後，公孫述的態度卻相當冷淡，十分的驕矜、傲慢。

看到這種情景，馬援對隨從說：「算了！公孫述這傢伙只是虛有其表，這種地方怎能容下天下之士呢？」

說完便打道回府，並跟隗囂王說：「公孫述只是個外強中乾的人，充其量是個井底之蛙，不值得歸順他。」

過了不久，馬援又奉命去拜訪光武帝。

馬援剛到後不久，光武帝便親自來迎接他，還笑容可掬地寒暄道：「久仰貴公才能，今日一見，果然不同凡響！」

馬援對光武帝親切的態度受寵若驚，而且兩人談話時，光武帝始終好言好語，完全沒有任何架子，更讓馬援心生好感。

隗囂王得知光武帝的爲人後，便立刻率衆投奔漢朝；而之後的歷史也證明，隗囂王所做的決定是個明智的選擇。

由此可見，做人應該謙遜、和藹，這樣別人才願意親近你，才能獲得大衆的支持、打下群衆基礎。反之，若是高傲自大，當然人人都會遠離你。

自大多一點就是一個「臭」字，人們對妄自尊大的人，都會嗤之以鼻，拒之於千里之外。

所以，身爲一位領導者，要想做大事，要想得到屬下的愛戴，就要將身段放低；若是妄自尊大，恐怕無法在高位上待太久了！

付出感情，員工才會回報熱情

對員工付出感情，屬下也會以熱情回報；上司與下屬間的感情好，公司內的氣氛會融洽，員工的工作效率也會提高。

伊拉斯謨曾經這麼說過：「一個卓越的領導者，有時候必須懂得運用『謊話』去激勵和鼓舞部屬。」

的確，一個成功的領導者必須知道如何激勵部屬的熱情，鼓舞部屬的士氣，即便這些激勵和鼓舞的言詞全部都是暫時無法兌現的「謊話」，也必須充滿感情和熱情，把它說得跟真話一樣。

感情是聯繫人際關係不可或缺的紐帶，上司與下屬之間亦是如此。

想讓員工理解、尊重、信任、支持自己，並發揮應有的功能，領導者首先應懂得怎樣理解、信任、關心和愛護他們。

有耕耘才會有所收穫，想要成爲一名卓越的領導者，一定要高度重視自己的員工，以心換心、以情動情。

與員工以心換心、以情動情是必要的，因爲人人都有這種需要。心理學家馬斯諾的「需求層次說」認爲，凡是人，都希望別人能尊敬和重視自己、關心和體貼自己、理解和信任自己。

這種需要是屬於心理上和精神上的，是比生理和物質上更高級的需求，因爲物質只能讓人飽暖，精神才能給人力量。

如果領導者能對同事和員工平等相待、以誠相見、用心對待，從思想上理解他們，從生活上關心和愛護他們，在工作上信任並支持他們，使他們的精神得到滿足，那這些員工當然就以熱情回報，奉獻出所有力量，努力把工作做得更好。

領導者對待員工要以心換心、以情動情這個道理，許多古代的政治家都懂得，如劉邦的「信而愛人」、唐太宗的「以誠信天下」，都是很好的例子。

每位員工都需要上司的同情、尊重，理解和信任，如果領導者能注意這一點，並身體力行，那麼企業裡就會出現親切、和諧、融洽的氣氛，凝聚力和向心力會大大提高，自然也會爲公司帶來更大的效益。

因此，在公司的領導和管理工作中，優秀的領導者應該懂得感情投資，知曉人情也是自己雄厚的資本。

對員工付出感情，屬下自然也會以熱情回報；上司與下屬間的感情好，公司內的氣氛自會融洽，員工的工作效率也會提高。如此上下一心地努力工作，公司當然會越來越蓬勃發展，越來越茁壯。

得罪下級，小心後悔莫及

聰明的上級都懂得拉攏下級，一方面別使他產生害己之心，一方面也是確保自己將來被下級取而代之時，能獲得善待。

在一般組織中，都要求下級得服從上級，且上級又能決定下級的官途和命運；由此看來，上級似乎不必重視下級。不過，事實上並非如此，因爲職位多半不是世襲的，是處在經常流動之中的，因而今日的下級，可能會在日後成爲上級，特別是與自己地位相差無幾的，更可能會取而代之。

因此，想要成爲一個屹立不搖的領導者，就不能不對下級有所防範，一來是不與下級結仇，即使他將來升遷，也希望他能善待自己；二來是籠絡下級爲己所用，彼此結成聯盟，使他成爲自己的黨羽；三來是要壓制下級，別讓他取代自己的地位。

總之，即便是面對比自己地位低下的人，也要多加用心，別得罪了下級。

例如，西漢時代有位叫韓安國的將軍，因爲犯法而入獄。當時拘管韓安國的典獄長田甲看他是個罪犯，經常侮辱他。

韓安國不堪辱罵，便對田甲說：「死灰獨不復燃乎？」意思是說：「你不怕我將來再做高官嗎？」

可是，田甲自恃爲監獄長，主管犯人生死，因此高傲地對韓安國說：「燃即溺之！」也就是說：「死灰若燃起，我就撒尿澆熄它！」

結果過沒多久，皇帝就赦免了韓安國的罪，並將他升了官。

這下田甲可就慌張了，趕忙逃走。

不過，韓安國下令說：「田甲得到我的手下當官，不來的話，就誅殺全族！」田甲沒有辦法，只好前往謝罪。見面之後，韓安國不但沒有責罰田甲，還笑著說：「你的才能足以在我手下爲官。」

田甲感念韓安國的雅量與恩德，最後成爲韓安國最忠心的屬下。恩威並施是上級對下級的常用之道，如不這樣，彼此就容易反目爲仇。

同樣是在西漢，大名鼎鼎的「飛將軍」李廣，因與匈奴交戰後損失兵馬，被貶爲庶人，於是定居南山，以射獵自娛。

某次，他射獵晚歸，走到霸陵亭時，被負責治安的霸陵尉發現，當場喝斥他一頓，李廣的隨從對他說：「這是以前的李將軍。」

但霸陵尉仍趾高氣揚地說：「就算是現任將軍也不得夜行，何況是以前的！」霸陵尉無論如何就是不讓李廣過亭，李廣只好露宿荒野。不久匈奴入侵，漢武帝又召李廣爲將；李廣再次當上將軍後，就利用職位之便，將霸陵尉斬首。

對霸陵尉來說，落難的李廣只是個平民百姓，所以對他非常傲慢，但後來李廣再次獲得重用，卻以報復之心對待霸陵尉，實在是顯得器量狹小。

也正因爲如此，李廣在與匈奴的戰役中，雖功勳昭著卻未能封侯，到老時又因行軍失誤，以「終不能復對刀筆之吏矣」爲歎，自刎而亡。

李廣不能善待這些小吏，落難時自然畏懼這些小吏。宦海沉浮，即便是高官權貴也可能突然跌至谷底，只有在這時，他們才了解那些不起眼的下級有多可貴、多重要。

漢代名臣周勃曾隨漢高祖東征西伐、誅除諸呂，又擁立文帝，威震天下，但後來被人誣告，被判刑入獄。

此時，即便是曾爲宰相的周勃也不得不低頭，以千金賄賂獄吏，最後還因獄吏一言使他得以無罪釋放。出獄後，周勃不無感歎地說：「吾嘗將百萬軍，安知獄吏之貴也！」

前車之覆，後人之鑑。聰明的上級都懂得拉攏下級，一方面使他不致產生害己之心，一方面也是確保自己將來被下級取而代之時，能獲得善待。

相反的，若是領導者自恃位高權重，不將下級放在眼裡，甚至輕慢侮辱了下級、得罪了下級，那有朝一日被下級取而代之時，可能就後悔莫及了。

容忍缺點，才能善用優點

人有長處，也有短處；優點越突出，缺點也越突出，領導者既要重用人才的長處，就要能容忍他的缺點，才真能得到人才的幫助。

領導統御的藝術在於容忍部屬的缺點，活用部屬的優點。卓越的領導人可以透過謹慎觀察得知部屬的優點與缺點，並且在輕鬆愉快的氣氛中，彼此交流想法和看法，然後將對方的優點發揮到極致。

想要成爲卓越的領導人，必須先訓練自己成爲一個心胸寬大的人，然後加強識人用人的能力，如此才能發揮更高超的領導藝術。

要學會克制自己的好惡，不過分在意部屬的缺點。

人有長短，長短並存，要能用人所長，必須要能容人之短。

唐太宗李世民說：「人之行不能兼備，朕棄其短，用其長。」

北宋名臣司馬光則說：「若指瑕掩善，則朝無可用之人；苟隨器拔用，則世無或棄之士。」

他們所說的，都是「良匠無棄木，明主無棄士」的道理。

德魯克也在他的著作《有效的管理者》一書中說：「若要求所用之人沒有短處，那最多只能得到一個平平凡凡的組織，因為『樣樣皆是』的人，必然一無是處。相對的，才能越高的人，缺點往往也越明顯，如果一位經營者僅能見人之短而不能用人之長，甚至刻意挑其短而非著重他的長處，這樣的經營者本身就是一個弱者，也無法得到人才的幫助。」

他還特別舉林肯在南北戰爭時期，任命嗜酒貪杯的格蘭特當總司令為例。

南北戰爭期間，有人批評說格蘭特嗜酒貪杯，難當大任，不過林肯卻說：「如果我知道他喜歡什麼酒，我倒應該送他幾桶，讓大家共享。」

林肯當然知道酗酒可能誤事，但他更清楚在北軍的將領中，格蘭特是最有才能的將帥，所以容忍了他的缺點，委以總司令的重任。事實證明，格蘭特當總司令這件事，正是南北戰爭的轉捩點。

在中國歷史上容人之短的事例不勝枚舉。容人之短的魄力，特別表現在敢於用不同意見的人才，甚至是反對過自己的人才。

例如，舜不怕禹記殺父之仇，仍重用禹治水，並禪位給禹；齊桓公接受鮑叔牙的建議，不記當年一箭之仇，還拜管仲爲相；唐太宗不計前仇，重用政敵魏徵……等等，都是傳誦千古的佳話。

用人之長，就必須容人之短，這是古今中外的通理。人有長處，也有短處；優點越突出，缺點也越突出，領導者既要重用人才的長處，就要能容忍他的缺點，唯有如此，領導者才眞能得到人才的幫助。

學習紅臉白臉集於一臉

高明的企業領導者莫不運用紅白臉相間的辦法，唯有如此，才能既鞏固自身領導者的權威地位，又得到屬下的支持與愛戴。

在京劇裡，各種不同的角色都有不同的妝容，並以臉上妝容和色彩的不同，來表示對該角色的褒貶。其中，紅色表示忠勇，黑色表示剛烈，白色表示奸詐……不同的臉譜顯示了不同的角色特徵。

在領導統御上，也講求紅白臉相間，但這些權謀運用要比京劇中簡單化的臉譜複雜多了。

例如，清朝乾隆皇帝就是集紅白臉於一身的高明領導者。乾隆靠著手下衆多人才，靠著康熙、雍正爲他奠定的豐厚基業，更靠著他本人紅白臉相間的韜略雄才，成了中國歷史上最有福氣的皇帝。他在位共六十一年，晚年還寫詩誇耀「十全大武功」，用漢、滿、蒙、回四體文字把《十全記》鐫刻在避暑山莊裡，後來乾脆稱自己是「十全老人」。

上述只是他的武功，他在文治方面亦是紅白臉相間。他會唱紅臉，對知識份子採用懷柔政策，例如規定皇族們見到大學士得行半跪禮，稱「老先生」；如果這位大學士還兼有「師傅」的身分，就稱他爲「老師」，自稱「門生」或「晚生」……如此種種，不勝枚舉。

乾隆對這些知識份子可說是恩愛有加，甚至親筆寫下：「儒林是史傳所必須寫入的，只要是經明學粹的學者，就不必拘泥於他的品級。像顧棟高這一類人，切不可使他們沒沒無聞啊！」

遵皇帝旨意，史館裡特設《儒林傳》名目，專門編寫知識份子的學術生平。平時，乾隆對奏章中鄙視「書生」、「書氣」的議論總是予以反駁，他曾經這麼說：「修己治人之道，備載於書，因此，『書氣』二字尤爲寶貴，沒有書氣，就成了市井俗氣。」

他為了籠絡讀書人，竟達到如此境地，可見他紅臉的角色唱得多麼好。

乾隆之所以這麼做，全是為了維護滿族皇權至上、族權至上、朝廷至上的目的，是要保持「大清」永不「變色」。

因此，誰要是在這方面稍有越軌，乾隆的紅臉馬上轉換成白臉，笑容滿面立即換成殺氣騰騰。管你是有意無意，都會立即被逮捕入獄，輕者「重譴」或「革職」，重者「立斬」或「立絞」，甚至處死後要「棄市」、「寸磔」，已死的也得開棺戮屍，連朋友、族人也會受到牽連。

乾隆在位期間，大興文字獄，有案可查的竟有七十餘次，遠遠超過之前的皇帝們，這也算是空前絕後了。

內閣學士胡中藻，曾寫過一本《堅磨生詩鈔》。乾隆皇帝久候等人告發他，無奈卻無人告發，最後索性自己「御駕親征」。

乾隆道：「『一把心腸論濁清』，加『濁』字在國號之上，這是何居心！」又說：「至若『老佛如今無病病，朝門聞說不開開』之句，更是荒謬！我每天上朝，何來『朝門不開』！」

乾隆還指出：「所出試題，有『乾三爻不象龍』……乾隆是我的年號，『隆』與『龍』同音，這詆毀之意可見！」

對於「南斗送我南，北斗送我北，南北斗中間，不能一束闊」一詩，他又說：「南北分提，一再反覆，這是什麼意思？」

於是，乾隆下詔將胡中藻棄市，族人中年滿十六歲以上的人全斬，胡中藻的老師鄂爾泰的靈牌也被撤出「賢良祠」，鄂氏之子巡撫鄂昌，因曾與胡中藻唱和，也令其自盡。

這等殘酷的手段，僅是文字獄中的一件罷了。文字獄搞得每位文人人人自危、處處小心，但往往只是幾篇遊戲作品、幾句賞花吟月之詞，一不小心也會被弄出個莫須有的罪名。

乾隆就是使用這樣無情的手段，鞏固了自己的地位，由此可知，他有多麼善用白臉的身分。

任何一種單一的方法，都只能解決人際關係上某種特定的問題，也都有不可避免的副作用。以領導者而言，如果對屬下太寬厚，便約束不住屬下；如果對屬下太嚴格，則屬下毫無生氣與活力，這兩種態度均有利有弊，不能兩全。

所以，高明的領導者都深諳此理，爲避此弊，莫不運用紅白臉相間的辦法，唯有如此，才能既鞏固自身領導者的權威地位，又得到屬下的支持與愛戴，可說是領導之術的最高境界！

品德高尚自然受屬下愛戴

想成為高明的領導者，想有出色的領導風範，唯一的辦法就是不斷加強自身修養，唯有如此，才能受到屬下真心且長久的愛戴。

現代管理學的理念告訴我們，所謂領導或管理，就是讓不同的人在不同的崗位上發揮最大的作用；而領導者就是要妥善調配這些人，規劃出組織前進的方向，讓組織得到最大的利益。

只是，領導者要能使屬下有令必行，就牽扯到各方面的問題了。對於領導者而言，個人的威信和魅力是可以通過努力做到的。

首先，作爲領導者得要有公平、公正之心，這不僅是身爲領導者的必要條件，更是做人該有的行事準則。

一個領導人做事是爲公還是爲私，是高尙還是低下，是處理好上下級關係，做好工作的一個基本條件。唯有辦事公平、公正無私，屬下才會敬重他、信任他，並承認他的領導地位、確實執行他的命令。

雖然每位屬下的性格脾氣各不相同，但無論如何，大家都會衷心愛戴和擁護品德高尙的領導人，而且這種由屬下意識中自發形成的非強制性權威感，會比強制性的權威感要維持得久。

只是，當人處在高位時，常會不自覺地變得越來越驕傲、越來越得意。雖說這是很正常的現象，可是這種情況會降低人格，進而會失去人心，不得屬下的愛戴，因此領導者不可不愼。

人格不只是提高領導能力的必要因素，而且在群衆眼裡，人格不知要比官格貴重多少倍，一個人的「德」對他能否取得成功有極大的作用。

此外，領導者公平公正的領導風範，必須建立在高尙的道德品質、正派的思想和言行一致的行爲上。

一個營私舞弊、只爲自己謀利的人，或一個狡詐虛僞、阿諛奉承的人，或一個尸位素餐、苟且偷安的人，或一個欺上瞞下、踩著別人的肩膀向上爬的人，都絕不會成爲一個公正無私、做事公平的領導者，更會被下屬們唾棄，無法領導衆人。

在現實生活中常看到這樣的問題，有的領導者處理問題不公、分配工作不均；或是在榮譽、利益面前當仁不讓，在困難、失誤面前畏首畏尾，甚至把下屬當代罪羔羊。諷刺的是，這樣的領導者往往對公平、公正的聲譽相當敏感，他們做賊心虛，生怕人家說他不公平，總把這些字眼掛在嘴邊，以表明自己的清白。

也許，屬下一開時會被他們表面上的領導姿態蒙騙，但群衆的眼睛是雪亮的，久而久之，下屬只會表面上敷衍，心裡卻十分反感，使這種領導者威信掃地，得不到支持。這種領導者就像《三國演義》裡所描寫的袁紹那樣「外寬而內極」，明明別人提出的批評是對的，但不僅不想改正，反而惱羞成怒。這種領導人，最終只會落得身敗名裂的下場。

有道是：「有麝自來香」、「眞是名士自風流」，要想成爲高明的領導者，想有出色的領導風範，唯一的辦法就是不斷加強自身修養、提高自己的道德水準，唯有如此，才能受到屬下眞心且長久的愛戴。

大材小用是一種人才浪費

古來多少王朝滅亡，並不是他們的國家裡面沒有可用的人才，而是他們有著一個無能的領導者，盡是起用一些自私自利的傢伙。

對領導人而言，適才適性是相當重要的事。

用人不當，不僅僅是所託非人而已，更是時間、人才、資源的多重浪費。若是大材小用，能力高的人卻不給他發揮才智的機會，是時間、人才的浪費；若是小材大用，能力低的人沒有辦法將器物的功能完全應用出來，導致效率低落，則是資源的浪費。

想要成為一個好的領導者，首先就要懂得把握管理人才的要點，大材小用與小材大用這兩種都是管理大忌。因此，領導者必須要特別注意各單位人才的選用，將合適的人安插在合適的位置，才能將成效完全地發揮出來。

南宋著名愛國詞人辛棄疾，童年時代父親就去世了，由祖父撫養成人，曾拜著名的田園詩人劉瞻為師。

當時，辛棄疾和黨懷英兩人稱得上是劉瞻最得意的學生。有一次，劉瞻問他們兩人：「孔子曾經要學生談各人的志向，我也來問問你們將來準備幹什麼？」

黨懷英回答說：「讀書為了做官，為了取得功名，光宗耀祖。我一定要到朝廷裡去做大官，如果做不了官，就回家隱居，學老師寫田園詩。」

劉瞻聽了連連稱好，認為他的志向高潔。但辛棄疾卻回答說：「我不想做官，我要用詩詞寫盡天下事，用劍殺盡天下賊！」

劉瞻聽了大吃一驚，要辛棄疾今後不要再說這樣荒唐的話。此後，辛棄疾和黨懷英兩人的生活有了截然不同的走向，辛棄疾投身抗金的民族戰場上，以愛國詞人著稱於世，黨懷英則投靠金人政權，成為金人的幫兇。

金人南侵後，辛棄疾組織兩千多人的隊伍在故鄉起義，後來又率領隊伍投奔濟南府耿京組織的起義軍。

不久，起義軍接受朝廷任命，與朝廷的軍隊配合作戰，共同打擊南侵的金軍。但由於主和派的排擠和打壓，辛棄疾後來曾長期閒居在江西上饒一帶，直到六十四歲時才被任命爲紹興府知府兼浙江東路安撫使。

紹興西郊的三山是當時著名愛國詩人陸游的隱居處，陸游比辛棄疾大十五歲，他的愛國詩句早爲辛棄疾敬仰，因此辛棄疾到任不久就去拜訪了這位前輩，兩人一起議論國家大事，大有相見恨晚之憾。

陸游聽了辛棄疾對形勢的分析和統一全國的理想，認爲他是一個有才能的人，希望他能取得成功。

次年春天，宋寧宗降旨要辛棄疾前往京城臨安，以便徵詢他對北伐金國的意見。爲了鼓勵辛棄疾發揮自己的才能，陸游特地寫了一首長詩贈予辛棄疾。詩中寫道，辛棄疾與古時著名的大政治家兼軍事家管仲、蕭何等人是同一流的人物，現在當浙江東路安撫使，實在是大材小用，鼓勵他爲恢復中原而努力，千萬不要因爲受到排擠不得志而介懷。

然而，南宋的國君並沒有充分運用自己家國的人才，反而卑躬屈膝，四處求和，國勢一蹶不振，最後終於被蒙古南侵所建的元朝所滅。六十七歲那年，辛棄疾這位始終遭大材小用的愛國英雄，終於在憂憤中去世。

南宋君主若能及早發現辛棄疾的才能與他矢志爲國的決心，或許不致讓他因此抑鬱而終，南宋的國祚可能也不至於如此短暫。

日本著名的管理學者占部都美說：「所謂領導能力，是由『識別人』、『培育人』和『使用人』三個部分構成的實際工作能力。」

他還強調：「公正客觀地依照實際功績大小來識別人才，具有大膽起用人才的魄力，並且善於及時發現人才，是衡量一個人是否有現代能力的首要因素。」

可見，善用人才是多麼重要的領導關鍵。

身爲領導者，若是不能辨別良才，或是把不適當的人放在不適當的位置，等於是乘了一輛裝備不良的拼裝車，恐怕還沒上路就要解體了，還談什麼衝刺呢？還談什麼目標呢？

同樣的，古來多少王朝滅亡，並不是他們的國家裡面沒有可用的人才，而是他們有著一個無能的領導者，盡是起用一些自私自利的傢伙。

假使，每個人都只為私利近利的話，那麼又有誰會為公為國付出呢？又有誰會把國家存亡放在心上呢？

不過，覆巢之下豈有完卵？失根的蘭花豈能苟活？這恐怕是所有懷才不遇的人都應該深思的問題，就算目前不被重用，也要努力爭取出線的機遇。

公平對待，才能招攬人才

領導者考核人才時，必須拋開個人的好惡與志趣，以整體利益為重，只有這樣，才能避免漏選掉有用之才。

在生活中，由於人們的思想、志趣、經歷、愛好、性格、心理等有所不同，勢必造成人際關係中有親疏遠近之分、好惡喜厭之別。但是，身爲領導者必須了解，人才本身的才能是客觀存在的，不會因領導者的感情因素而有所改變，順我者未必有才，逆我者未必無才。

因此，領導者在考核過程中，不能感情用事，不能以個人好惡判斷人才好壞，必須以理智戰勝情感，以原則抑制私情，這才是正確的考核方式。

唐高宗時，大臣盧承慶專門負責對官員進行政績考核。某次，被考核人中有一名糧草督運官，在一次運糧途中突遇暴風，糧食幾乎被吹光了，所以盧承慶便給這個運糧官「監運損糧考中下」的評定。

誰知這位運糧官仍舊神態泰然，一副無所謂的樣子，腳步輕快地走出了官府。盧承慶看到這種情景，認爲這位運糧官頗有器量，於是馬上將他召回，並將評語改爲「非力所及考中中」。

這位運糧官仍然不喜不愧，也不感恩致謝。

原來這位運糧官本是糧庫中的混混，對政績毫不在意，做事鬆懈渙散，只是恰好糧草督辦缺一名主管，才暫時讓他做了替補。沒想到，盧承慶本人恰是感情用事的人，辦事沒有原則，二人可謂「志趣、性格相投」，於是盧承慶大筆一揮，又將評語改爲「寵辱不驚考上上」。

盧承慶憑自己的觀感和情緒，便將一名官員的評鑑從六等擢升爲一等。這種融合個人愛憎好惡、感情用事的做法，根本不能反映官員的實際政績，也失去了公正衡量官員的客觀標準，勢必產生「愛而不知其惡，憎而遂忘其善」的弊端。

如此一來，就容易出現大量拍馬屁的人圍在領導者左右，還專挑領導者喜歡的事情做，說話也都迎合領導者的喜好。久而久之，領導者就會憑自己的喜好來考核人才，對他有好感的人便委以重任，而對與他保持距離、印象不深的人，即使有眞才實幹，也不委以重任，這樣必使組織風氣越來越敗壞，更會埋沒大量人才。由此可見，依個人好惡考核、任用屬下，必會帶來不良的後果。

事實上，以自己好惡來考核人才的領導者，最根本的缺點在於爲人做事沒有原則，任憑感情用事。這樣的領導者會不自覺地以志趣、愛好、脾氣是否相投作爲考核標準，這是一種把個人感情置於集體利益之上的表現。

這麼一來，許多與他志趣不投但有才華的人就無法得到重用，結果就會導致人才流失。另外，以個人的好惡考核人才就沒有客觀標準、沒有原則性，因而管理制度就會失去約束性和原則性，在領導者周圍就會出現一群投其所好的無能之輩。

所以，領導者考核人才時，必須拋開個人的好惡與志趣，以整體利益爲重，不講「人情」、不重「感情」、不報「恩情」，要捨棄那些自己喜愛的奴才、媚才，果斷地發掘那些自己討厭的高才、人才。只有這樣，才能避免漏選掉有用之才。

PART 6

有高明的手腕，才能避免屬下造反

一位高明的領導者得兼有鐵血的作風與懷柔的手腕，
這樣才能樹立領導者的權威，並得到屬下的愛戴。

事不躬親才不會被瑣事所困

事不躬親的領導方式能使領導者有時間和精力去思考大問題，不會讓自己被瑣事所困，而在處理眾多繁雜事項時迷失了前進的方向。

山姆．托伊曾說：「一個領導者必須懂得製造部屬之間的恐怖平衡關係。」因爲，如此一來你才能讓所有部屬在相互競爭、彼此牽制的情況下竭盡自己所能，你也才能讓自己成爲這場競爭中，最後拍板定案的決策者，而不至於被瑣事困住，或被部屬牽著鼻子走。

只要你了解自己的優缺點，知道自己奮鬥的方向，需要什麼助力補強自己，自然就能對自己充滿信心，自然就能交互運用各種領導訣竅。

領導藝術是門大學問，要達到「治之至」是有門道的。

《呂氏春秋李賢傳》中提出兩個方法：一是事不躬親，一是事必躬親。

宓子賤和巫馬期先後治理單父。宓子賤治理之時，每天在堂上靜坐彈琴，也沒見他做什麼，就把單父治理得相當不錯；巫馬期則是披星戴月、兢兢業業，親自處理各項政務，也將單父治理得不錯。

這兩種方法孰優孰劣，古人也有評論，認爲事不躬親是「古之能爲君者」的做法，它「系於論人，而佚於官事」，是「得其經也」；至於事必躬親是「不能爲君者」的做法，它「傷形費神愁心勞耳目」，是「不知要故也」。

前者是使用人才，讓屬下各司其職；後者則是使用自身心力，傷力而治。使用人才，當然可「逸四肢、全耳目、平心氣，而百官以治」；使用力氣則不然，「弊生事精，勞手足，煩教詔」，當然會非常辛苦。

古人的這套說法到今天仍有深遠意義，值得我們深思。凡有上級與下級、用人者與被用者關係存在的地方，就有領導與被領導的關係；而身爲領導者，就要有效地實施事不躬親的領導藝術。

不過，領導者首先要明白，事不躬親不是放手不管、拱手讓權，這樣只會使自己被取而代之，喪失領導地位。

像明代萬曆皇帝朱翊鈞就是拱手讓權，他在位四十八年，親政三十八年，但竟有二十五年躲在深宮之內，完全不理國事，連宰相也見不到他。這不是事不躬親，是放棄「領導」的責任，任屬下胡搞。

另一位明朝皇帝熹宗朱由校，終日沉浸在自己的嗜好中，夢想當一個優秀的木工和漆匠，整天在蓋房子、造傢俱、塗油漆，完全不理政事。

歷史事實證明，這兩位皇帝在位期間，天下大亂、民不聊生。因此，領導者雖要事不躬親，但絕對不能放任不管。

其次，領導者要能提綱挈領、抓緊大事，如制定軍事戰略方針、作戰計劃，是軍事統帥的大事；企業的發展方向、產品品質種類的發展，是企業的大事。不同的領導者只有抓住這些不同的大事，才能做到綱舉目張。

在第二次世界大戰時，擔任英軍統帥的名將蒙哥馬利提出過這樣的主張：「身為高級指揮官的人，切不可身必躬親，過分干涉細節的問題，而是要將心力與時間放在思考重大問題上。」

他認為，在激戰中，指揮官一定要能隨時冷靜思考怎樣才能擊敗敵人，至於無關戰局的事務則視而不見；若是對影響戰局不大的瑣事細節事必躬親，這種本末倒置的作風必將使幕僚們無所適從、進退失據。

事不躬親的領導方式能使領導者有更多時間和精力去思考大問題，不致於讓自己被瑣事所困，而在處理眾多繁雜事項時迷失了前進的方向，或像諸葛亮般操勞過度而積勞成疾。

所以，高明的領導者都懂得事不躬親的道理，只處理大事，而將小事全權交給屬下，這樣既能發揮屬下的能力，也能省下自己的心力，眞可謂一舉兩得！

妥善分配才不必親力親為

領導者若是對任何事都親力親為，那不僅使自己疲於奔命，也不會得到好效果；只有將職責妥善分配，才能空出時間和精力去規劃全局。

日常生活中，我們常可看到這樣的領導人，他們勤勉工作、早來晚走，無論大事小情都親力親爲，但負責的工作卻雜亂無章，整體的效率也不見得多高。

這些領導就像陀螺一樣，從早轉到晚，事事都管，卻也什麼都管不好。那麼，高明的領導者應該怎樣處理衆多繁雜事務呢？下面先舉兩個事例，看完後，你自然會發現高明的領導方法是什麼。

話說漢宣帝時期有位宰相叫丙吉，有一年春天，乘車經過繁華的長安街道，碰見有人群鬥、死傷極多，但是，他卻視若無睹，仍若無其事地通過現場，什麼話都沒說，繼續往前走。過了不久，他又看到一頭拉車的牛氣喘吁吁，卻馬上派人去問牛的主人到底是怎麼一回事。

旁邊的隨從看到了覺得很奇怪，爲什麼宰相對群毆事件不聞不問，卻擔心牛在氣喘，這豈不是輕重不分，人畜顚倒了嗎？於是，有人鼓起勇氣請教丙吉。

丙吉告訴他：「取締群毆事件是長安令或京兆尹的職責，身爲宰相只要每年評定他們的政務一次，再將其賞罰呈給皇上就行了，宰相對於所有瑣碎的小事不必一一干涉。我之所以看見牛氣喘吁吁要停車問明原因，是因爲現在正值初春，可是牛卻吐著舌頭氣喘不停，我擔心是不是陰陽不調。宰相的職責之一就是要順調陰陽，所以我才特地停下車詢問原因何在。」

隨從聽了才恍然大悟，紛紛稱讚宰相英明。

從這個故事可以看出，領導者要做的事是：第一是對大局的判斷和掌握，第二是調整團體的能力，第三是要讓屬下各盡所能，充分發揮他的才能。

另外一個例子是，陳平年輕時就協助劉邦打天下，可說是劉邦的重要參謀，對劉邦的霸業貢獻頗大，後來被漢文帝任命爲宰相。

有一天，文帝召見陳平和另一位宰相周勃。文帝首先問周勃：「你經手裁決的事件，一年約有多少件？」

周勃回答：「臣無能，對這件事不甚清楚。」

文帝又問：「那麼，國庫一年的收支大概有多少呢？」

周勃仍然答不出來，以至於汗流浹背。

接著，漢文帝又問陳平同樣的話題，陳平回答：「關於這些問題，我必須詢問負責的人才知道。」

文帝又問：「誰是負責人呢？」

陳平回答：「裁判事件的負責人是司法大臣，國庫收支的負責人是財政大臣。」

文帝步步進逼：「倘若所有職務都各有所司，那麼宰相又要做什麼呢？」

陳平依舊不慌不忙地回答：「宰相要使百姓各得其所，對外須鎮撫四方的蠻族與諸侯，對內則要督促所有官吏做好份內工作。」

文帝聽完這番話，不由得點頭稱是。

不久周勃引咎辭職，此後便由陳平一人獨攬宰相大任。他一貫的作風，正如他自己告訴文帝的，是針對每個人的才能賦予他應做的工作，自己則善盡督導的責任。後來，陳平因指揮得宜，被後世譽爲名相。

從陳平的行爲可以看出，領導者不必事必躬親，而是該放手的就要放手，要能妥善安排、協調每位屬下的工作，使他們能各盡所能、各安其職，這樣整個組織就會像一台機器般不停地運轉。

領導者若是對任何事都親力親爲，不僅使自己疲於奔命，也不會得到好效果。例如，諸葛亮爲報答劉備的知遇之恩，爲完成先帝託孤的重任，「寢不安席，食不甘味」、「政事無巨細，咸決於亮」，終於積勞成疾。

由此可見，領導者若是把任何事情都包攬在自己身上，不僅終日忙碌不堪，還會嚴重損傷屬下的工作熱情。在這種情況下，下屬就會消極被動地工作，甚至有些事本來能做得好，也可能因沒有積極性與主動性而辦得很糟。

只有將職責妥善分配，使每位屬下都能各司其職，領導者才能空出時間和精力去規劃全局、處理大事，也才能創造佳績。

論功行賞，別論「情」行賞

升遷、懲罰屬下時，應以屬下的功勞、過錯為據，而非依個人好惡或遠近親疏為據，如此才能使屬下努力向上，使人才得到充分的發揮。

古人曾說：「賞當其勞，無功者自退；罰當其罪，為惡者戒懼。故知賞罰不可輕行，用人彌須慎擇。」

既然，「賞罰不可輕行」，就必須慎重其事，而慎重其事最重要的一點，就是「賞罰據實」，亦即「賞當其勞」、「罰當其罪」。

只有依據事實，才能決定是否賞罰，也唯有如此，才能服人服眾。但要做到「據實」，必須注意賞罰根據的唯一性。

行賞的唯一根據是功，行罰的唯一根據是罪，除此以外，沒有任何理由可以當作賞罰的根據。韓非在論述領導者施行賞罰之時就曾說：「計功而行賞」、「賞不加於無功，罰不加於無罪」，強調賞既不可以「恩進」，也不可「巧賜」；罰既不可「由怒」，也不可「禍連」。

在明代，張居正也曾建議皇帝：「臣願皇上慎重名器，愛惜爵賞……有功於國家，即千金之賞，通侯之印，亦不宜吝；無功國家，雖頻笑之微，敝褲之賤，亦勿輕予」，更進一步強調了賞罰根據的唯一性，就是是否「有功」。

唐太宗李世民登基後論功行賞，淮安王李神通自以為功勞最大，又是皇上堂叔，對自己的封賞憤恨不平，極不滿足，大聲說道：「當關西起兵、傾覆隋朝時，臣首先舉兵回應。多年來，臣跟隨陛下出生入死，戎馬倥傯、蕩平天下，功勞如何？可是定勳封爵時，卻把只會舞文弄墨的房玄齡、杜如晦置我之上，臣實不解其故。」

唐太宗聽了李神通這番咄咄逼人的話後，毫不客氣地說：「反隋義旗初舉時，叔父你首先起兵回應，但是在山東與竇建德交戰時，你卻望風而逃、連連敗北，幾乎全軍覆沒。若非房玄齡、杜如晦等人運籌帷幄，提出平定天下之策，朕又怎能平定天下？所以今日論功行賞，他們當然要居叔父之先，叔父又怎能因功微而得高位？

朕怎敢以私情而濫賞？」

百官聽後，都心悅誠服，李神通也無言以對。

唐太宗對功臣進行封賞之後，回到後宮。這時，有幾個近衛侍臣未得官職，紛紛跪倒在地，悽楚地說：「當年陛下爲秦王，我等忠心侍奉。今日天下已定，陛下怎將我等忘在腦後呢？」

唐太宗仰天長歎道：「你們侍奉我多年，幾經生死，朕當不忘。但爲君辦事，應當公道，朕封賞官爵，皆量官而授。如果你們憑藉秦府舊屬的身分索取官爵，實不體面！朕也不敢以遠近親疏、個人恩怨將官爵私自饋贈，請諸位體諒。」

這幾個人聽罷，皆自慚形穢，索然而退。

由此可見，明智的君主皆以功勞、罪行爲據，慎行封賞處罰。同理，領導者在升遷、懲罰屬下時，也應以屬下的功勞、過錯爲根據，而非依個人好惡或遠近親疏爲據。只有如此，才能使屬下各個努力向上，使人才得到充分的發揮，團體也才能得到最大的利益。

有高明的手腕，才能避免屬下造反

一位高明的領導者得兼有鐵血的作風與懷柔的手腕，這樣才能樹立領導者的權威，並得到屬下的愛戴。

對於難以對付的人才或難以處理的矛盾，領導者要用一些特殊而靈活的手段，也要對症下藥，才能服眾。

在這方面，北宋開國皇帝趙匡胤的鐵血作風與懷柔手腕頗值得探討。

宋太祖趙匡胤即位後，對禁軍和中央與地方官僚體制進行了一番改革，之後又花費了很大的精力來訓練部隊和整肅軍紀。至於他的治軍方法，可概括為八個字：責之既嚴，待之亦優。

趙匡胤親自為禁軍挑選了部分兵員，這些士兵個個身強力壯、技藝高強；又針對五代以來軍隊中「兵驕而逐帥」的惡習，親自督率禁軍訓練。

從宋太祖建隆三年開始，趙匡胤便常在講武殿上校閱禁兵，並從中挑選優秀士兵加以重用。此外，趙匡胤還對禁軍實施了「更戍法」，讓禁軍輪流外出戍守，期限一、二年，至多不超過三年，這不僅僅是要造成「兵無常帥、帥無常師」、「兵不知將，將不知兵」的局面，而且也是鍛鍊士卒身體素質的重要方法。

不僅如此，趙匡胤認爲京城軍隊的糧秣領取，也是鍛鍊部隊的一種手段，所以下令駐紮在城東的部隊必須到城西去領糧，反之也一樣，因而兵士們領一趟糧草，就要來回跑幾十里路。

這些名目繁多的「科目」，都是爲了鍛鍊士卒吃苦耐勞的精神，以免驕惰。

對有觸犯軍紀的士兵，趙匡胤實行了嚴酷無情的處罰，即便是爲將者也不能倖免。例如宋朝開寶四年，禁軍不滿御馬軍士每人多領五千錢，因而聚衆喧嘩，趙匡胤當場下令斬首四十多人，軍官都受到杖責。而宋朝建隆元年，將軍罕儒遭北漢軍襲擊，尤捷指揮石進德坐視不救，致使罕儒全軍覆沒，趙匡胤因此將石進德軍中的二十九員將領全部處以死刑。

對於侵犯百姓的軍人，宋太祖的處罰更重，每次大軍出征時，他都會告誡將領不要毆掠吏民，焚燒廬舍。某次禁軍中的士卒，光天化日之下搶人妻女，趙匡胤聞訊後大怒，立斬一百多人，而有個叫閻承翰的官員知情不報，也挨了幾十大板。

不過，趙匡胤在施行嚴酷的處罰時，還實行懷柔策略。趙匡胤有一句名言：「朕今撫養士卒，固不吝惜爵賞，若犯吾法，唯有劍耳。」他對有功及忠誠的將士不惜以重金大加獎賞，予以擢升，甚至一些優秀的軍校可直接升爲團練使。此外，每次閱武，若發現武藝高強的便提拔；若是出外戍邊的將士，還能增加月俸，並受到趙匡胤親自接見，設宴慰問。

趙匡胤的「責之既嚴，待之亦優」的治軍方略取得了極大的成功。在諸侯混戰的五代十國末期，他領導的禁軍都能齊整威武、所向披靡，由此可見治軍方略的成效之大，甚至連敵將也對他佩服得五體投地。

由趙匡胤成功的例子可知，一位高明的領導者得兼有鐵血的作風與懷柔的手腕，這樣才能樹立領導者的權威，並得到屬下的愛戴。

論功行賞也要有容人的雅量

無論政壇還是商場，領導者都要能有容納不同意見的雅量，這樣才能吸引人才投靠、才能使屬下盡心盡力，也才能造就出豐功偉業。

楚漢相爭結束後，天下已定，各個功臣翹首以待，希望能得到封賞，甚至有人已迫不及待地在爭論功勞大小了。

封賞之後，結果是文臣優於武將，這使許多武將相當不服，尤其是對蕭何的爵位最高、食邑最多最爲不滿。

於是，他們不約而同地對劉邦提出質疑：「臣等披堅執銳，親臨戰場，多則百餘戰，少則數十戰，歷經九死一生，才得受賞得賜。但蕭何並無汗馬功勞，徒弄文墨、安坐議論，爲何封賞最多？」

聽到武將們的抗議，劉邦說：「諸位都打過獵吧！追殺獵物得靠獵狗，但給狗下指令的是獵人；諸位攻城克敵，功勞與獵狗相似，不過蕭何卻能給獵狗發號施令，正與獵人相當。更何況，蕭何是整個家族都跟隨我起兵，諸位跟從我的能有幾個族人？所以我要重賞蕭何，諸位不要再疑神疑鬼了。」

聽完此言，衆臣雖仍私下議論紛紛，但畢竟與蕭何無仇，也就不再追究此事。

過了不久，劉邦某天在洛陽南宮邊散步，卻見一群武將在宮內不遠的水池邊交頭接耳，像是在議論著什麼。

劉邦非常奇怪，便把張良找來問說：「你知道他們在幹什麼嗎？」

張良毫不遲疑地回答：「那是要聚衆謀反！」

劉邦聽了大驚：「爲何要謀反呢？」

張良仍平靜地說：「陛下從身爲一個百姓起兵抗秦，到與衆將共取天下，現在所封的都是從前的老朋友和自家親族，所誅殺的都是自己痛恨的人，這怎麼不令人望而生畏呢？衆將領朝不保夕、患得患失，當然要聚衆謀反了。」

劉邦緊張地問：「那該怎麼辦呢？」

張良想了想，問道：「陛下在衆將中最痛恨誰呢？」

劉邦說：「我最恨的就是雍齒。我起兵時，他無故降魏，以後又自魏降趙，再自趙降張耳。張耳投我之時，我才收容了他。只是現在滅楚不久，我又不便無故殺他，想來實在可恨。」

張良一聽，立即說：「好！那立即將他封侯，這樣才可解除人心浮動的情況。」

劉邦對張良極爲信任，對張良的話沒有任何懷疑，相信張良會這麼建議是有道理的。幾天之後，劉邦特意在南宮設酒宴招待群臣，並在宴席快散時下令：「封雍齒爲甚邡侯。」

雍齒眞不敢相信自己的耳朵，當他確信眞有其事後，慌忙上前拜謝。雍齒封侯之事非同小可，那些未被封侯的將吏都和雍齒一樣高興，人人都喜出望外地說：「連雍齒都能封侯，那我們還有什麼好擔心的呢？」

君臣間的矛盾也就這麼化解了。

論功行賞本是件好事，但每次論功行賞不可能都面面俱到，結果總是一部分人滿心歡喜，一部分人心灰意冷，若是弄得不好，甚至還會出現一些意想不到的副作用，因而本來是件好事，到頭來卻沒有得到好的效果。

像劉邦在論功行賞後，出現了不少矛盾與反對聲浪，幸而他能接納張良的意見，能以寬容爲懷，化解矛盾，所以才能安撫人心、穩定情勢。

《詩經》說：「百川入海，有容乃大。」意思是說，千百條河流之所以能流入大海，是因爲大海有兼收並蓄的寬大胸懷。無論古今，無論政壇還是商場，領導者都要能有容納不同意見的雅量，這樣才能吸引人才投靠，才能使屬下盡心盡力，也才能造就出豐功偉業。

信任下屬是合作的基礎

若能信賴彼此，自會提高整體士氣與效率，上司對下屬的信賴更是彼此溝通的基礎，而下屬能被上司信任，做起事來當然幹勁十足。

若是缺乏誠信，人與人之間的關係將無法維繫，相同的，若是領導者不信任屬下，那麼領導者不論大小事務都得親力親爲，下屬也會因不被信任，心理上產生消極的反應。況且，身爲領導者如果不信任屬下，自然得不到屬下的信任，當然就無法管理整個組織。

因此，領導應當信任屬下，並且要讓下屬知道你相信他們能圓滿完成任務。

唐太宗是歷代歷史學家稱讚的明君，他就對臣子非常信任。像大將李靖曾是隋朝的將領，李淵攻克長安後，打算將李靖斬首示衆，但李世民則認爲李靖是個賢能之士，就從李淵那將他保釋出來，還加以重用。李靖爲感謝唐太宗的知遇之恩，爲唐朝立下不少汗馬功勞。

正是由於唐太宗用人不疑，才出現「貞觀之治」的繁榮景象。同樣的道理，在現代工作場合中，若能信賴彼此，自然會提高整體士氣與效率，尤其是上司對下屬的信賴更是彼此相互溝通的基礎，而下屬能被上司信任，做起事來當然幹勁十足。

因此，身爲領導者，要學會縮短與下屬間的距離，當下屬的朋友，讓下屬在融洽的環境中工作，保持心情愉快，從而達到事半功倍的效果。

工作如果順利，員工心中就會覺得愉快，不知不覺中也提高了工作效率。相反的，工作如果不能按理想中的模式進行，員工心中必然會產生一種失落感，工作效率也會不斷低落。

有不少管理者只知從大處著眼，僅關心大問題，對小事件毫不關心，卻不知越是細節才越會引發問題，員工正是會因爲某些小事而影響工作效率。

因此，主管人員應保證準備工作能及時完成，使整日的工作情況不受影響，避免延誤工作程序，如果這方面管理不當，員工的工作意願就不會提高，這些細節都是管理人員必須注意的。

如此一來，不僅能保證日常工作順利進行，更樹立了管理者可信賴、做事可靠的形象，增進了管理者與員工之間的信任。

相反的，如果領導人做事毛躁、丟三落四，認爲這些小問題無關痛癢，對員工不聞不問，那不僅會造成工作進度落後，工作效率不高，員工也會因爲有這樣的一位領導者而降低積極性。

信任是合作的基石，因此領導者和員工要相互信任，彼此精誠合作，如此企業自然會興旺、發達。

小處謹慎是獲得成功的不二法門

偉大的領導者從不把任何榮譽據為己有，而是與屬下分享，因為這樣做更能鼓舞屬下的積極性，屬下也才會願意為領導者賣命工作。

不尊重別人感受與立場的領導人，不管擁有如何高深的學識，最終只會引起部屬的討厭與嫌惡，很難達到有效溝通的目的。

領導統御的藝術，其實就是態度上的不卑不亢。與部屬互動的同時，運用各種技巧，表達出冷靜、理智且流露尊重對方立場的態度，無形之中就會讓彼此之間的交流愈來愈順暢。

人生不如意之事十常八九，領導工作也可能會出現失敗的時候。儘管失敗不是我們所願，卻也很難避免它，唯一的辦法就是事前先摸清哪些問題、態度、習慣容易導致失敗，並儘量避免，如此才能把失敗率降到最低。

以下就是領導者該小心避免的事項：

一、缺乏詳細的資料

高效能的領導需掌握詳細的資料，並具備組織的能力。一個領導者不能用「太忙」作藉口逃避應做的事情，當承認了「太忙」而無法改變計劃去應付緊急事件時，等於就是承認了自己的無能。

成功的領導者應該隨時掌握詳盡的資料，以應付任何突發狀況的發生。

二、害怕競爭

競爭是很正常的事，要是只擔心地位被別人取代而不去努力，那麼地位被他人取代就會是遲早的事。

卓越的領導者懂得訓練自己的接班人，並把某些瑣碎的事交給屬下去做，唯有如此，領導者才有時間去吸收新知、加強自己的能力，也才能領導整個組織前進。

三、自私自利

領導者將屬下的成就據爲己有時，必然會遭到屬下的不滿與抗議，最終必會導致衆叛親離的下場。

因此，優秀的領導者從不把任何榮譽據爲己有，而是與屬下分享，因爲這樣做更能鼓舞屬下的積極性，屬下也才會願意爲領導者賣命工作。

四、欠缺誠信

不管在商場上或工作場合，誠信都是一切事物的根本，特別是對領導整個組織與衆多追隨者的領導者而言，誠信更是必備的條件。

若是領導者欠缺誠信，就不可能長久待在領導地位上，這是因爲沒有誠信的領導者無法受到屬下信賴與尊重，自然會遭到淘汰。

五、過分注重頭銜

稱職的領導者不是依靠頭銜來得到屬下的尊重，而應透過優異的工作與領導能力來獲得屬下的敬佩與愛戴。

領導者若總是以自己的頭銜、地位威嚇屬下服從指示，必定無法得到下屬支持。何況，領導者若花費大量精力在維護頭銜這件事上，自然無法將其他事情辦好，離下台之日恐怕不遠。

以上這五點是失敗的領導者常犯的錯誤，想要成爲卓越的領導人，就應該小心避免重蹈覆轍。

雖然這幾件事從表面上看來都只是小事，但若不能在小處多加注意和預防，這些小事往往就會變成大災難了，領導者不可不愼！

以德服人，才能贏得人心

領導者的一言一行都是屬下關心的焦點和效仿的榜樣，而且唯有以德服人的領導方式，才能夠長久處在領導地位上。

領導者的才能不是天生的，通常是培養出來的。想要成爲優秀的領導者，就應遵守以下這幾大原則。

一、讓調查和科學研究獨立

不可用任何行政手段干擾調查和研究，這樣根據客觀情況做出的結論才有參考價值。領導者不能先下結論，然後再調查「事實」，或引證「科學道理」去證明這個「結論」，這種決策方式實際上是自欺欺人的。

一九四四年時，美國著名的管理學者彼得·杜拉克受聘擔任通用汽車公司的管理政策顧問。

他第一天上班時，公司執行長就對他說：「我不知道我們要找你做什麼研究，要你寫什麼，也不知道會得到什麼結果，這一切都是你的任務。我唯一的要求，是希望你將你認爲正確的東西寫出來，不必考慮我們會怎麼反應，也不必怕我們不同意，更無須爲了迎合我們而改變你的建議。」

這一席話是值得每個領導人認眞深思的，唯有獨立地調查、分析、研究，才能爲領導的決策提供科學的依據，這樣的調查與研究也才有價值可言。

二、給智囊團充分的授權

二十世紀最偉大的成功學大師卡耐基曾說：「當一個人意識到他請別人協助他一起工作，效果比他單獨工作要好時，他便是向前邁進了一大步。」

協助領導工作的智囊團與秘書是完全不同的。秘書的工作是以領會、貫徹領導者的指示爲主，而智囊團則獨立地提出自己的意見給領導者參考，提出意見的優劣是評價他們工作的標準。

領導者可以採納，也可不採納智囊團的意見，但無論意見是否被採納，那些獨到的見解對決策都是很有幫助的。

整體而言，若有三分之一的意見被採納，就代表這個智囊團是相當成功的。但是，如果領導者百分之百採納智囊團的意見，就說明這個領導者的能力不足，是很危險的。

因為智囊團的意見可能對，也可能錯，完全依賴智囊團的領導者，絕對不是個好的領導者，而是一種失職。

三、獎賞屬下的勞動

人的一切行為都是為了追求利益。屬下也是在現實社會中生活的人，有各式各樣的需要，其中當然也包括物質上的需要。

當屬下運用智慧為決策者做出貢獻時，領導者應當對他們的成績給予充分的肯定和讚揚，同時還應給予適當的物質報酬。

企業就好比是個大家庭，員工是家庭中的一份子。他們對家庭做出的貢獻理應得到應有的回報，而這種回報必須按貢獻的大小來決定。

員工養活了整個公司，公司應感謝他們，現代領導者應該要有一個新觀念：「不是你在養活屬下，而是屬下透過工作來養活你，為你創造財富。」

所以，一位現代領導者應當想辦法激發屬下的積極性，並給予合理的報酬，與屬下分享彼此共同創造的財富。

四、用幽默輕鬆溝通

在與人交往中，詼諧、幽默的談吐常是討人喜歡並使別人樂意交往的一個原因，因此領導者如果能注意自己說話的技巧，往往能使屬下在輕鬆和諧的氣氛中完成工作，並和屬下保持融洽的關係，大大提高了自己的影響力。

此外，幽默的語言還可以減少上下級之間的摩擦，化干戈為玉帛。

五、勇於解決問題

麥當勞公司一度出現財務虧損的情況，公司總裁克羅克因而親自到分公司各部門視察，發現各部門的經理都喜歡坐在椅子上發號施令。於是，克羅指示鋸掉所有經理的椅背，以此促使他們深入思考問題，並且設法解決問題。

這一招很快就發生作用，各分公司的經營狀況獲得了巨大的改善。

以上是每位領導人都應遵守的原則。領導者一定要記住，領導者的一言一行都是屬下關心的焦點和效仿的榜樣，而且唯有身體力行、以德服人的領導方式，才能夠長久處在領導地位上。

因此，領導者要有嚴以律己、寬以待人的品格，才能使屬下產生敬愛、欽佩的心理，屬下也才會死心塌地地追隨著領導者，爲領導者賣命工作，整體組織也才可能有更美好的發展。

下了命令就要徹底執行

領導者賞罰分明、態度公正、規則明確，那麼底下的人也很清楚知道自己該做什麼，以及該怎麼做。

明代教育家呂坤曾經寫過《小兒語》、《續小兒語》等書，都是很好的教養手冊。他曾經在《續小兒語》中寫過這麼一段文字，勸勉孩童做事不可馬虎毛躁，他說：「大凡做一件事，就要當一件事。若還苟且粗疏，定不成一件事。」

一個人能不能成功，可以從他做事的態度裡看出來，對於自己的事業認眞，別人就不致於會小覷你。反之，如果自己都表現得可有可無、隨隨便便，那麼誰會認眞地把你當一回事呢？

所以，想要成功，有一個重要的要素就是，你得表現出你的決心來。

春秋末年著名軍事家孫武，著有《孫子兵法》這冊總結戰爭經驗與軍事理論的兵書。吳王看了他的兵書十分欣賞，特地召他進宮，問他：「你寫的兵書我都看過了，不知能不能用宮中的女子來照章操練呢？」

吳王擺明了要考試，看看孫武是不是眞如傳言中那麼厲害。

孫武二話不說，就回答道：「可以。」

於是，吳王把宮裡一百八十名女子集合起來交給孫武指揮，裡頭有宮女，也有嬪妃，一票女人嬉嬉笑笑好不熱鬧。

孫武直接把她們分成兩隊，然後命吳王兩個最寵愛的嬪妃各拿一支戟，擔任隊長，而後對一干女眷下令：「我叫前，妳們就看前面，叫左就看左手，叫右就看右手，叫後就看背後。」

交代清楚後，孫武即命令設下一套名叫鈇鉞的刑具，然後便擊鼓傳令。

誰知，那些女子聽到命令，竟像玩遊戲一樣哈哈大笑。

孫武原本以爲是自己沒有把命令交代清楚，於是又把號令再三說明，再度傳令。

不料，那些女子仍當做是在遊戲，非但不聽號令，依舊嘻嘻哈哈。這一下，孫子再也不原諒她們，下令將兩個隊長殺頭示衆。

吳王一見要斬自己的寵姬，就叫人傳令來求情，誰知孫武根本不爲所動，仍然堅決將那兩名嬪妃斬首。

隨後，他另外指定兩個隊長，重新擊鼓傳令。這下子，隊伍中就再也沒人敢違抗命令，全部按照號令整齊地操練起來。雖然吳王的寵姬被斬，但當他看到平日嬌生慣養的宮女都被孫武訓練得服服貼貼，明白孫武確實很有用兵的才能，便從此重用他，並使吳國成爲春秋時的強國。

帶兵特別注重軍令如山，士兵對爲上級下達的指令必定要絕對服從，否則部隊猶如多頭馬車，將無所適從。

法家主流韓非子說過：「誠有功則雖疏賤必賞，誠有過則雖近愛必誅。」強調唯有賞罰分明，以絕對公正和認眞來對待，才能讓衆人信服。

孫武受到吳王的命令訓練後宮妃嬪，但是古代未曾有過女子從軍，所有女子都不把它當一回事而不停嬉笑。孫武見嬪妃們屢勸不聽，決定殺雞儆猴，即使吳王親自求情也沒用。

軍令即下，就必須遵從，若有例外，將來如何服人？軍隊是為戰爭需求而設立的，關係到的是無數人的生死，當然不可玩笑。吳王自然知道這層道理，因而重用了孫武，將吳國的軍隊整治得十分壯大，成為謀圖霸業的一大利器。

身為領導者，若想要帶領整個團隊往前衝刺，首先要能以身作則，表現出個人的決心與毅力，那麼團隊裡的份子便能有樣可學，進而追隨；領導者賞罰分明、態度公正、規則明確，那麼底下的人也很清楚知道自己該做什麼，以及該怎麼做。

如此一來，每個人嚴守分際，在自己的位置上發揮最大效用，那麼整個團隊便能同心齊力，無事不能成。

PART 7

觀察小習慣，
就能避免大麻煩

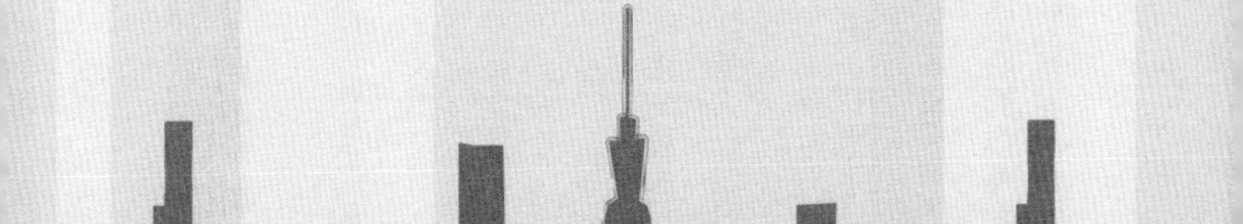

懂得從小習慣了解一個人的內在特質，領導者才能發掘人才、知人善任；懂得從小地方判斷未來情勢，領導者才能預防禍端。

注重屬下的利益，工作才會順利

若是缺乏屬下的努力，即便領導者有再好的計劃也是空談。所以身為領導者，一定多留意屬下的態度，絕不放任屬下心生反感。

在「金字塔」型的權力結構中，很容易產生一種「只唯上，不唯下」的官僚作風，例如，我們常常在工作和生活中，見到許多人只知對上司逢迎、拍馬屁，對下屬卻頤指氣使、不可一世。

但是，我們也會發現，這種單靠逢迎上層而升遷的人，由於沒有得到下屬的支持，因此多半無法在高位待太久，眞可謂是「來也匆匆，去也匆匆」。

部屬就是領導者向上攀升的基礎，所以聰明的領導者都很在意下屬的態度，懂得時時留意下屬的態度變化，並做出相應的調整。

這是一項非常明智而長期的投資，因為若是能得到屬下的支持，下屬可以在以下幾個方面使領導者獲益。

一、屬下是工作成績的真正創造者

雖然領導者可用威脅等高壓手段迫使下屬服從命令，不得不去工作，但這種方式必定會讓屬下產生反抗心理，消極地怠惰工作或抵制上司，進而降低工作效率，影響組織整體的利益。

最高明的辦法應是像日本企業那樣，讓員工心甘情願地加班、奮鬥。不過，要達到這種境界，領導者就必須時時注意和瞭解屬下的需求、情緒、態度等等，並及時調整自己的策略。如此才能最大限度地激發屬下的工作熱情、積極性和創造力，從而使部屬了解，領導工作是要使組織獲利，也使每位員工獲利。

有時，制定或施行某些計劃之前還必須聽取下屬的意見，尤其是那些在部屬當中有一定威信的屬下的意見。

如果無法得到他們的理解和支持，領導者就很難順利推展工作，而且當這項計劃最後不了了之時，領導者的威信也會受到很大的打擊，這是身為領導者最大的失敗，也是最不願意面對的結果。

日本的企業非常注重員工對公司的態度，企業的領導者和管理人員都想盡辦法培養員工的歸屬感和對企業的忠誠。爲了照顧員工的情緒，有些企業還設立了「出氣室」，目的就是爲了幫助對領導階層不滿的員工能將怒氣發洩出來，使他們能以平衡的心態投入工作。

在「出氣室」中，設有每一個領導者的模擬人像，心懷不滿的員工可以痛毆它一頓或大罵一通，直至消氣。

由此可知，日本企業有多重視員工的情緒，也難怪日本企業能生產出第一流的產品，創造出第一流的生產效率。

二、屬下可幫助領導者樹立良好形象

有句俗語說：「癢要自己抓，好要別人誇。」

領導者想塑造良好的形象，最好藉下屬之口宣傳，這會比自吹自擂有效得多，也更有說服力和眞實感。而且，下屬廣泛的人際關係網絡，還會把這些好名聲傳送到更廣泛的脈絡網中。

良好的上下級關係和形象，會爲領導者帶來意想不到的收穫；聲名遠播會使領導者受到高層的重視，從而「加速」了自己事業的發展。相反的，如果上下級關係惡化、臭名遠播，那即便領導者的「後台」再硬，終究難敵衆怒，逃不了狼狽下台的命運，當然更談不上事業的發展了。

三、重視下屬可防止「後院起火」

領導者爲什麼要重視下屬的態度和情緒呢？

因爲，當屬下感到被冷落、被壓制或是心懷不滿時，就很可能倒向領導者的對手，從而使其腹背受敵，造成形勢上的不利。

俗話說，堡壘最容易從內部攻破，這是因爲只有堡壘內部的人才最知道自己防禦上的弱點，所以屬下反叛常會帶來致命的危機。例如，在《三國演義》中，張飛之死不就是因爲他對待兵卒過於粗暴嚴苛，從而激起屬下謀反嗎？每一位領導者都應牢記這個血淋淋的教訓。

雖然領導者的謀劃對政策的成敗至關重要，但要使計劃變成現實，還需屬下的努力與付出。如果領導者所創造的成績像長城般雄偉，那麼每位屬下的辛勤勞動就是一塊塊磚石，慢慢堆疊出宏偉的長城；如果說領導者是舵手，那麼屬下便是那一根根划動的槳，帶動船隻逐漸前進。

由此可知，若是缺乏屬下的努力，那即便領導者有再好的計劃也是空談。所以，身爲領導者，一定多留意屬下的態度，絕不放任屬下心生反感，否則必會對整個組織或個人的事業發展造成大問題。

尊重小人物，會有大幫助

若是你自恃地位高，不尊重那些小人物，等於就為自己樹立了敵人。相反的，若是你懂得尊重他們，也等於為自己帶來朋友了。

作爲一個領導或決策者，會做事與會用人是事業成功的必要基礎。領導者事業上的成功，除了靠大人物提拔，更必須依靠廣大「小人物」的支持和共同努力才能辦到。所謂的「小人物」，指的就是無職無權的一般部屬，要想成功，就要先打好你的領導基礎。

從古至今，任何有所作爲的領導人都深深了解尊重群衆的重要性。唐代名臣魏徵，就把君民關係比喻爲船和水的關係，強調「水能載舟，亦能覆舟」；維吾爾的諺語也說：「離開群眾的人，就像落地的樹葉。」

在尊重「小人物」方面，而春秋戰國時代的魏國公子信陵君魏無忌更是個好例子。《史記魏公子列傳》中說，魏無忌為人仁厚，又能禮賢下士，凡是士人，不論才能高低，都能謙虛地以禮相待，不因為自己富貴就怠慢他人，所以各地的士人都爭相前往歸附，因而他的食客共有三千人之多。在那時，各個諸侯國因為魏無忌賢能、門客又多，所以十多年都不敢侵犯魏國。

當時，魏國有個隱士名叫侯嬴，已經七十多歲了，因為家裡很窮，只好去做夷門的守門人。魏無忌聽說後，就前去問候，要贈送他豐厚的財物，但侯嬴不肯接受；因而魏無忌就改擺酒席，大宴賓客。

當客人坐定之後，魏無忌帶著禮物，空著車子左邊的座位，親自去夷門迎接侯嬴。侯嬴整了整破舊的衣帽，登上車並毫不謙讓地坐在上首，想藉此來觀察魏無忌，不過魏無忌反而更加恭敬。

之後，侯嬴又故意對魏無忌說：「我有個朋友住在街上的屠宰坊裡，希望您能順便帶我去拜訪他。」

魏無忌不以為意，隨即駕著車子來到市場。侯嬴下車去會見朋友，故意花了很多時間與朋友談話，並暗中觀察魏無忌。只見魏無忌的臉色更加溫和，即便市場上的人都看著這個場面，他仍然保持恭敬有禮的態度，沒有一絲不耐煩。

這時候，魏國的將相、王族、賓客都已到齊，等候魏無忌舉杯祝酒，因此隨從人員都暗地裡罵侯嬴。

侯嬴看到魏無忌的臉色始終不變，才辭別朋友，登上車子。來到魏無忌家後，魏無忌領著侯嬴坐在上位，並爲他一一介紹賓客；到了飲酒正酣時，魏無忌起立，來到侯嬴面前向他敬酒祝福。

這時，侯嬴才對魏無忌說：「我只是個守門人，但公子卻親自駕著馬車去迎接我；我本不應該去拜訪朋友，卻委屈公子跑了一趟。然而，我侯嬴想要成就公子的美名，故意讓公子的馬車久久停在市場上，藉此觀察公子，但公子卻更加恭敬。市民大都把我看作小人物，而認爲公子是有德行的人，能謙恭地對待士人啊！」

此後，侯嬴成了魏無忌的上賓，並爲魏無忌的事業做出許多貢獻。

魏無忌之所以對許多別人看不進眼裡的「小人物」如此恭敬，原因就在於他了解「小人物」蘊藏的巨大潛能，只要能妥善掌握這股能力，就能借助這種力量去達到自己的目的。

同理，一個領導人也該如此。要知道，人是最複雜的動物，想要成為卓越的領導人，就應盡力去瞭解你的下屬中潛藏著哪些人物，各有哪些才能、特長，有什麼樣的家庭背景、社會關係。

此外，也要瞭解他們的同學、朋友都是些什麼人，他們的同學、朋友又有些什麼樣的家庭背景和社會關係。不要忽視「小人物」，在他們身上的投資，可能會帶給你意想不到的連鎖反應。

相反的，如果你只是因為一點私事而心情不好，但卻把這種不良情緒帶到了工作環境中，並且不加遏制地遷怒於下屬，讓這些微不足道的「小人物」成為「出氣筒」、「受氣包」，那麼你就可能遭到反噬。

當然，大多數屬下只能忍氣吞聲，不過一旦你得罪的對象是個有個性且自尊心很強的人，他就會在某天，乘你不備之時重創你。

也許，這個人有非同一般的家庭背景，他的家族中有人可以決定你的升遷，但你卻無端對他發火，那豈不是自己葬送了機會和前程？也許這個人頗有才華，幾年以後，會處於和你同級，甚至高於你的位置，這樣一來，豈不等於爲自己樹立了一個未來的敵人嗎？

這個世界是不斷變化的，沒有一成不變的事情，「小人物」也不會永遠當「小角色」，或許有一天也會變成「大人物」。

從這個角度來看，若是你現在自恃地位高，不尊重那些小人物，等於就爲自己樹立了一個個強大的敵人。相反的，若是你懂得尊重他們，也等於爲自己帶來朋友，也許某天當你窮途末路、走投無路時，幫助你的正是這些「小人物」喔！

偶爾裝糊塗，才會有前途

與客戶應對之時，表現得鋒芒畢露、事事計較，一定會令人反感，不如糊塗一點，人際關係就能融洽一點，也能帶來更大的利益。

一個卓越的領導者，懂得更圓融的應對方式，不會一味強調自己的立場，而會避開雙方相持不下的情況，爲自己找到了絕佳的出口。

應對進退之時，懂得以巧妙的迂迴戰術避實就虛，把對方變爲自己的助力，正是聰明人獲得勝利的重要關鍵。

鄭板橋的「難得糊塗」四字一直被某些領導人視爲座右銘。在這四個字中，板橋先生表達的是一種對時政的憤恨、不滿，頗有無可奈何的心態；但在社交圈中，「難得糊塗」卻有極實用的價值。

人在人際交往中的心態是很複雜的，幾乎人人都希望能在某方面超越別人，令對方刮目相看，不希望比別人低三分。因此，領導者在與客戶交往之時，如果不適時「糊塗」一點，那在言談舉止中就很容易觸怒對方，惹對方生氣，甚至引出不必要的麻煩。

以下就是幾個「糊塗」的重點：

一、「忘記」自己

對自己的才能與成就「念念不忘」，總是將成就掛在嘴邊，老是說些「我曾經……」、「我已經……」、「我是……」的人，容易使對方心生反感。特別是對熟識的顧客這樣說，對方就會認爲你太愛炫耀自己，總是故意顯出高人一等，容易因此招來對方的忌恨，甚至會故意刁難你。

所以，在與人交往的過程中，領導者應該要能「忘記」自己。

「忘記」自己是一種優點，是謙遜的表現。對自己隻字不提，就表明沒有必要談論自己，並希望靠自己的所作所爲來使對方了解自己的長處。

這種行爲會備受讚揚，一方面由於自己的成就而受到讚揚，另一方面則由於自己的謙遜受到讚揚。

二、「忘記」別人

人人都有一些敏感的「禁忌」，因此當碰到「禁區」時，都要糊塗一點，該忘記的就要忘記，不要在無意中刺痛對方敏感的神經。

譬如，如果你曾幫助過某人，那別在他面前提起此事，不然，他會產生「你是不是要我報恩」的想法，心中必然不快。

如果你知道對方在工作中或生活上犯下什麼過錯，那麼更要裝糊塗，不要主動去問他這件事，這只會讓他覺得你是在揭他瘡疤，即便你是出於關心，他也無法感受你的好意。

如果你已知道對方遭遇不幸，也不要故意出於同情的原因去安慰他，說不定他認爲你是幸災樂禍。

三、當別人「欠」你時

別人「欠」你錢、情、理……時，你雖然可以理直氣壯地索求，但這樣往往會破壞彼此間的關係，倒不如糊塗一些，反而能爲你帶來好處。

例如，別人欠你的錢財，催還時要鄭重其事，而不要欲說還休、吞吞吐吐，讓人覺得你天天把一點小事記掛在心上。

別人欠你情時，你越顯得「若無其事」，別人的感念程度就越深，其效果會越超出你所付出的價值。別人錯怪你，輸了理時，你當沒這回事似的，別人的心裡就會更加愧疚，必當尋機彌補才心安。

事事精明不見得能為你帶來好處，有時不妨「糊塗」點，反而對你更有幫助。尤其是在與客戶應對之時，表現得鋒芒畢露、事事計較，一定會令人反感，不如糊塗一點，人際關係就能融洽一點，也能為帶來更大的利益。

觀察小習慣，就能避免大麻煩

懂得從小習慣了解一個人的內在特質，領導者才能發掘人才、知人善任；懂得從小地方判斷未來情勢，領導者才能預防禍端。

道德修養是從微小之處逐漸鍛鍊形成的，各種禍患也是從微小的事物逐漸發展釀成的。禍與福在剛剛萌芽的時候，都是微小而不易察覺的，不過身為領導者就要能以小見大、從微小處識人，這樣才能了解一個人的本質，並事先預防禍患的產生。

人與人交往過程中，往往只看到近利而不去考慮未來，這樣因小失大不就是將自己置入危險之中嗎？

漢和帝在位時，大將軍竇憲娶妻，國內各官員都去祝賀，漢中太守也想派人去，但部下李命勸道：「竇氏恣意橫行，他的危亡立即可見，您不交往也罷。」

可是，太守仍害怕不祝賀會招來禍患，因此李命便請命讓自己充當使者。他在路上故意拖延時間，結果還沒趕到便得知竇憲被誅殺的消息。

由此可見，從小識大、從已知識未知，可說是行事甚至保命的第一要訣。

在美國，有個頗有遠見的婦女做了件聰明的事情。某天，這位婦女突然取出自己在某銀行存了多年的所有存款，結果幾天之後，那家銀行就倒閉了，很多人都十分納悶她到底是怎樣預料到的。

後來，這位婦女說，在不久前的一次聚會上，她見到這家銀行的總經理。她發現這位老闆的服飾非常講究，連指甲都經過高級美容店精心修整過，所以，她立即感到自己的存款有化爲烏有的危險，因爲一個事業心很強的男人是不會花費這麼多精力和錢財來修飾自己的。

由這個例子可知，從小處識人有多麼重要。

一個人的性格特點及一個人的本性，往往會透過自身的一些小習慣、言談舉止、表情等流露出來。

例如，那些快言快語、舉止敏捷、眼神鋒利、情緒易衝動的人，往往是性情急躁的人。那些直率熱情、活潑好動、反應迅速、喜歡交往的人，往往是性格開朗的人。那些表情細膩、眼神穩定、說話慢條斯理、舉止注意分寸的人，往往是性格穩重的人。那些口出狂言、自吹自擂、好爲人師的人，往往是驕傲自負的人。那些懂禮貌、講信義、實事求是、心平氣和、尊重別人的人，往往是謙虛謹愼的人。對於這些不同性格的人，一定要能具體分析，區別對待。

不過，僅是注意到一些小習慣是不夠的，領導者在識人時，還要能不爲表象迷惑，應仔細辨別外在表象與內在實質間的落差。

以下便是從小處識人的幾個要則：

一、輕易承諾他人要求的人，看起來似乎很爽快，其實往往不能實現自己的諾言，會是一個不守信用的人。

二、對什麼事都認為很簡單的人，表面上看起來似乎很能幹，但真正在做事時，卻沒辦法辦到。

三、前進快速的人，看起來非常迅猛；其實來得快，退得也快，就像孟子所說的「其進銳者，其退速」，這種人做事時通常不能堅持到底。

四、處理事情習慣大聲吆喝的人，看起來似乎明察秋毫，其實那只是虛張聲勢，做事時反而會越弄越糟。

五、表面上對你唯唯諾諾的人，看來似乎忠誠可靠，但這種人反而會趁你不備時，從背後捅你一刀，這種人才是最可怕的。

懂得從小習慣了解一個人的內在特質，領導者才能發掘人才、知人善任；懂得從小地方、小事情判斷未來情勢，領導者才能防微杜漸、預防禍端。

所以，以小知大可說是領導者最需要培養的功夫，只有如此，領導者才能順利地推展他的事業與計劃。

由小見大是舉用人才的好方法

待人接物看似事小，卻能反映出一個人的品行道德，也為領導者提供了一個觀察人的好方法。

某位君主有一次對他的近臣說：「某個臣子對妻子十分冷淡，這實在很不應該。假使夫婦之間感情不和睦，並且有足夠的理由離婚，那他大可名正言順地和妻子離婚，否則就應該互敬互愛、白頭偕老，不但要同甘，更要能共苦。像這樣連對自己妻子都非常冷淡的人，對待別人更是可想而知，這種人絕對不可靠。」

這就是這位君主從某個臣子對待妻子的態度，推測他的本性和可能的處世態度，所使用的就是比較觀察法。

此外，在《韓非子》一書中，也收錄了極多類似的觀察法實例。像晉國重臣文子，有一次因為被某案牽連，於是匆忙逃命，在慌亂中逃到京師外的一個小鎮。

這時，跟隨他逃亡的侍從說：「管理此鎮的官吏，曾出入大人的府邸，可視作親信，不如我們先到他家稍稍休息，等行李送到後再趕路好嗎？」

「不可，此人不可信賴。」

「為什麼呢？他曾追隨過大人啊！」

文子分析說：「唔！此人知道我喜好音樂，即贈我名琴；知道我喜好珍寶，即贈我玉石，像這種不用忠告而以寶物博取我歡心的人，如果我前去投靠他，必定會被他抓去獻給君王，以博取君主的歡心。」

因此，文子不敢稍作停留，連行李都來不及帶走，就連忙繼續趕路。文子的看法果然不錯，後來此官把文子的兩車行李攔截下來，獻給君王邀功。

《韓非子》中還有一個例子說，從前一個名叫魯丹的游士周遊到中山國，想把自己的策略獻給君王，可惜投遞無門。於是，魯丹贈予君王親信的幕僚大批金銀珠寶，請他代為引見。這辦法立即生效，魯丹很快就獲得中山王召見，這個幕僚並在謁見君主之前，先以山珍海味款待他。

在筵席間，魯丹不知想起什麼，忽然放下筷子退出宮殿，而且也不回旅舍取行李，立即離開中山國。

魯丹的僕人很驚訝地問他：「他們如此厚待您，您為何離開呢？」

魯丹回答：「這位君主容易被他的親信左右，自己沒有一點主見。假若日後有人毀謗我，君主必定會懲罰我，因此還不如早些離去。」

不久，魏國將軍樂羊率兵攻打中山國。當時，樂羊之子正好在中山國內，於是中山國王將樂羊之子殺死，並做成肉湯，送到圍在城外的樂羊陣營中，豈知樂羊竟面不改色地將肉湯喝光。

魏王聽到這個消息後，感動地說：「樂羊竟為我吃下自己兒子的肉！」

可是，他身旁的大臣卻以責備的口吻說道：「連自己兒子的肉都敢吃的人，必定敢吃任何人的肉。」

魏王一聽才醒悟過來。後來樂羊打敗中山國凱旋而歸，魏王雖然有犒賞他，但從此不再重用他。

另外一個例子是，魯國重臣孟孫在打獵時捉到一隻小鹿，命家臣秦西巴用車子把小鹿載回，在回去的途中，有一隻母鹿一直跟在車後哀鳴。秦西巴覺得母鹿十分可憐，就把小鹿放了。

待孟孫返回家中知道緣由後，極爲生氣，於是把秦西巴幽禁起來。但是，三個月之後，孟孫不但赦免了秦西巴的罪，還任命他擔任輔佐自己兒子的任務。

見到這情景，孟孫的近侍驚訝地問：「前些時候，您剛剛處罰了他，如今卻又委以重任，這是爲什麼呢？」

孟孫回答說：「他連小鹿都不忍捉回，足見他的宅心仁厚，所以他對待我兒子也一定會很仁慈，我不必擔心他會做出謀害的舉動。」

以上這些例子，都是觀察對方在待人接物時的表現，再通過比較，進而得知他的品行。

由此可見，待人接物看似事小，卻能反映出一個人的道德品行，這既爲領導者提供了一個觀察人的好方法，同時也告誡每個人：你在不經意時所做的某一件小事，也許已經被一旁的有心人記在心裡了。所以，我們做任何一件事時，都要小心謹慎，才不會讓一件小事影響了他人對我們的評判。

正確的意見才能代表大多數人的意見

一個成功的領導者，除了懂得用人的權謀之外，最重要的一件事就是要具備良好的判斷能力，懂得觀察周遭變化趨勢，做出最正確的決定。

要成爲一個優秀的領導者，並不意謂著他必須是個全才人物，而是他要有領導者人的風格，並且懂得厚黑權謀。

根據管理大師彼得．派爾的說法：「一個好的領導者要具有追求真理的毅力，制定決策必須基於真憑實據，不可依據個人偏見行事。他必須是積極熱衷於創新。」

這個說法，強調領導者謀斷的本事，也就是說要懂得利用專家和參謀的集體智慧，從中判別最恰當的方法，做出正確決斷。只要謀得對，就能斷得好，也就能將整個團隊領導到更好的地方。

民主社會強調少數服從多數，但是少數與多數如何判斷？其實，決定權掌握在領導者手中，就看你如何解釋。

西元前五八五年，楚國發兵進攻鄭國，鄭軍寡不敵衆，因而向晉國求救，晉景公便派欒書率軍前去救援。欒書的軍隊一進入鄭國境內，很快就遇上楚軍，楚軍見晉軍來勢兇猛，唯恐不敵因而下令退兵。

但欒書不想就此收兵，便轉而攻打與楚國結盟的小國蔡國。蔡國趕緊派使者向楚國求救，楚國原本忌憚與晉國交戰，但現在接到蔡國求救又不能置之不理，只好派公子申和公子成各帶領自己所屬的軍隊前去救援。

看見退去的楚軍又返回，晉軍大將趙同和趙括便向主帥欒書請求出戰，欒書也同意了。

但是，正當兩位大將準備領兵出戰時，欒書的部下智莊子、范文子、韓獻子上前阻止說：「楚軍退了又來必定更難對付。如果取勝，只不過是打敗楚國兩個縣的軍隊，不能以此爲榮，而如果失敗就得蒙受恥辱，不如收兵回國比較好。」

欒書覺得三人說得有理，準備收兵回國。軍中有不少人對於欒書這樣決定，頗不以爲然地說：「賢人與多數人有同樣的想法，辦事就能成功，您何不照多數人的想法辦事？您是主帥，輔佐您的十一人中，只有三人不主張打，可見想打的人佔多數。您爲什麼不依多數人的想法行事？」

欒書回答：「正確的意見才能代表大多數。智莊子他們三位是晉國的賢人，他們所提的意見正確，便能代表大多數人，我採納他們的意見難道不對嗎？」

於是，欒書下令退兵回國。

兩年後欒書再度率兵攻伐了蔡國，本想再去攻打楚國，但智莊子、范文子、韓獻子等人又分析了當時的局勢與情況，建議欒書暫停攻打楚國，轉而攻打陳國。欒書聽從他們的建議，果然取得勝利。

領兵出征，關係到的不僅僅是戰事的成敗，身爲將領更應該將所有兵士的生死存亡放在心上，把握每個時機做出正確的決策，因爲所有兵士的性命都操控在自己手上。也因此，如何做出正確的判斷，指揮正確的戰略，是相當重要的。

欒書率領大軍作戰，身邊當然會有多位參謀爲他籌謀劃策，如何就目前的局勢判斷誰的建言最正確，是身爲將軍的責任，他必須更加清楚自己所做的任何決定，將會影響到大局變化。當局者迷，旁觀者清，有時旁人的意見可以跳脫迷障，由另一個角度來思考，欒書選擇聽取智莊子等人的意見，是因爲他判斷他們所言是正確的，自然樂意採納。

能夠辨明什麼才是最重要的決策，是領導者責無旁貸的工作，正如羅曼．羅蘭所說：「一個人做了領袖，可沒有權利再有慈善心和軟耳朵。只能有眼睛和心靈，只能觀察、決定，然後毫不動搖地做應該做的事。」

如果你想成爲一個成功的領導者，那麼除了懂得用人的權謀之外，最重要的一件事就是要具備良好的判斷能力，懂得觀察周遭變化趨勢，聆聽整理分析他人的意見，然後在最適當的時候，做出最正確的決定。

熟悉屬下才能知人善任

想成為卓越的領導者，必須常和每位屬員接觸，必須熟悉每個人的優缺點和性情，唯有如此，才能識別人才、拔擢人才。

想要做到知人善用，摸清部屬的習性和才能是相當重要的。但是，人的個性與才華都有顯性與隱性的成分，有時並不是那麼好掌握，因此必須透過各種方式進行評估。

有的人平時表現出的性情與能力，是經由環境壓抑或是下意識刻意包裝的，想要成爲一個優秀的領導者，就必須透過旁敲側擊與審愼的深入觀察，了解他們最眞實的內在，並且將他們安置在最恰當的地方。

曾國藩是中國清代歷史上，相當具有影響力的人物之一。

在官場上，他對後清王朝的腐敗衰落瞭若指掌，提出「行政之要，首在得人」；認爲在國家危急之時，需用才德兼備的人以倡正氣之風、行禮治之政。

在戰場上，他將選用將領視爲最重要的事，並提出選將的四點標準：「一曰知人善任，二曰善覯敵情，三曰臨陣膽識，四曰營務整齊。」

由此可見，曾國藩相當重視人才，更深明選拔人才、培養人才的重要性。

曾國藩在給皇上的《應詔陳言疏》中提出了一套人才培養、選拔方法，下面略加介紹，相信對當今注重人才的企業家和領導者們會大有幫助。

曾國藩說：「將來朝中的卿相、京外的督撫，多半是由內閣、六部、翰林院這些人才最爲集中的部門內加以選拔。只是，那裡的人共有數千之多，皇上不可能一一瞭解；因此，培養、選拔人才的職權，不得不交給各部門的長官。」

「所謂培養人才方法的內容，大致有幾個方面：教誨、鑑別、舉薦，以及破格提拔。培養、選拔人才就好比種田一樣，部門長官的教誨，就如同耕種培土；鑑別就如同剔除雜草，舉薦就如同引水灌溉；至於皇上的破格提拔，就如同及時的雨露，會使稻苗迅速成長。」

「所以，長官如果經常到官署去，就如同農夫天天在田間工作，才能熟悉農作物的生長。只是，如今各部門的長官大都是在宮內做事的人，有時會數個月都無法到官署去，與屬員不常接觸，除了掌印、主簿幾人之外，底下大部分的人員都不認識，這就如同將稻苗和雜草一起種在田間，但農夫卻不管不問。」

曾國藩又指出：「近年來，各部的人員越來越多，因此有的二十年還不能升等，有的終身不能當主簿；而現今內閣、翰林院的人數也相當於以前的三倍，這些人往往過了十年還無法升等。這種情況本就使傑出人才受到摧殘和挫折了，況且各部門的長官又多在宮內，屬員終年難得一見。因此當署員的，只有在遞文件給長官簽名時匆匆見一面，向長官彙報時說個幾句話，那即使屬員才德兼備，也不會被長官發現，又怎能被提拔、任用呢？」

「因此，請皇上考慮：各部門的長官中，也要有不在宮內任職的，讓長官能常和各屬員接觸，務使長官深入了解每位屬員的性情、心術。而且，皇上要不時詢問誰有才、誰正直、誰僅有小智、誰堪當大任，這樣一來，不僅是屬員的優劣會被發掘，就連長官的能力高低也可以通過比較發現。」

曾國藩強調：「透過這種辦法，所有人才就都掌握在皇上手中了；然後再依照舊例，依次實行舉薦法和鑑別法，再加上偶有的破格提拔，那就能善用所有人才，這對國家將是一大助益。」

曾國藩提出這種人才培養、選拔法的背景雖是在清朝，但是其中提倡的觀念即便到今日還相當實用。

在這個辦法中，曾國藩最重視的是長官必須常和每位屬員接觸、必須熟悉每個人的優缺點和性情，唯有如此，才能知人善任。

同理，想成爲卓越的領導者，也要常接近屬下，更要深入了解每位屬下，如此才能識別人才、拔擢人才。

要勇於冒險，也要勇於創新

領導者應該不斷帶給大家新觀念、新刺激，否則團體很難得到進步和發展；若是領導者滿於現狀，就會使整個團隊不思進取。

一個成功者之所以與一般人不同，就在於他能在勝負未分之前就充滿信心，然後以思考去為自己製造勝利的條件。

只有對自己充滿信心的領導人，才懂得如何適時表現自己的才華與創新能力，讓自己比別人早一步獲得成功。

在不確定的環境裡，領導人的冒險精神是最可貴的。

管理學理論認為，克服不確定、資訊不完善的最好方法，就在於組織內有一位富有冒險精神的戰略家。

世上沒有絕對可靠的成功之路，市場更帶有很大的隨機性，各種要素也不斷變化，令人難以捉摸，想在商海中自由遨遊，就非得要有冒險的精神。甚至有人覺得成功的重要因素便是冒險，並將它視爲成功致富的必要條件。

在成功人士的眼中，生意本身就是一種挑戰，一種想戰勝他人、贏得勝利的挑戰。在生意場上，要具有強烈的競爭意識，「一旦看準就大膽行動」已成爲許多商界成功人士的經驗之談。

冒險常常與收穫結伴而行。險中有夷，危中有利，要想有豐碩的成果，就要敢冒風險；要是光有成功的慾望卻害怕冒險，就會在關鍵時刻喪失良機，因爲風險總是與機遇聯繫在一起的。風險有多大，成功的機會就有多大。

事實上，許多成功的企業家或卓越的領導人，並不一定比其他人「會」做，但一定比其他人「敢」做。

領導者必須時時都有創意，並且能激發員工的創造性。領導者應該不斷帶給大家新觀念、新刺激，否則團體很難得到進步和發展；若是領導者滿於現狀，就會使整個團隊不思進取。

一般而言，領導者大致分成兩種：一種是受到屬下尊敬與認同的領導者，另一種則是靠權力來領導。

但無數歷史事實已證明，依靠權力維持的領導多半不會持久。例如拿破崙、墨索里尼、希特勒等獨裁者都是依靠權力領導的典型例子，他們的統治都十分短暫，說明了人們不願長期跟隨無限依靠權力領導的人。

只有得到屬下贊同與敬重的領導才是眞正的領導。成功的領導者應具備各種素質，若是你也能培養出這些素質，相信就能擁有強大的領導能力，並能獲得屬下的愛戴，不管是身處何種行業中，都會成為一位優秀的領導者。

PART 8

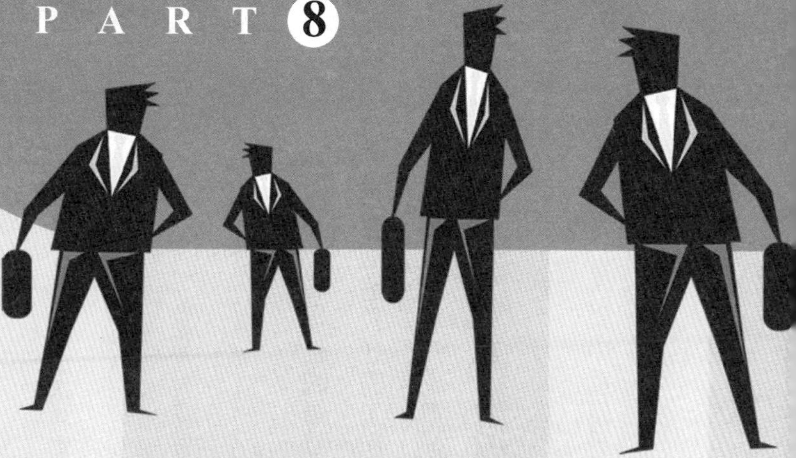

用人唯才，才能吸引人才

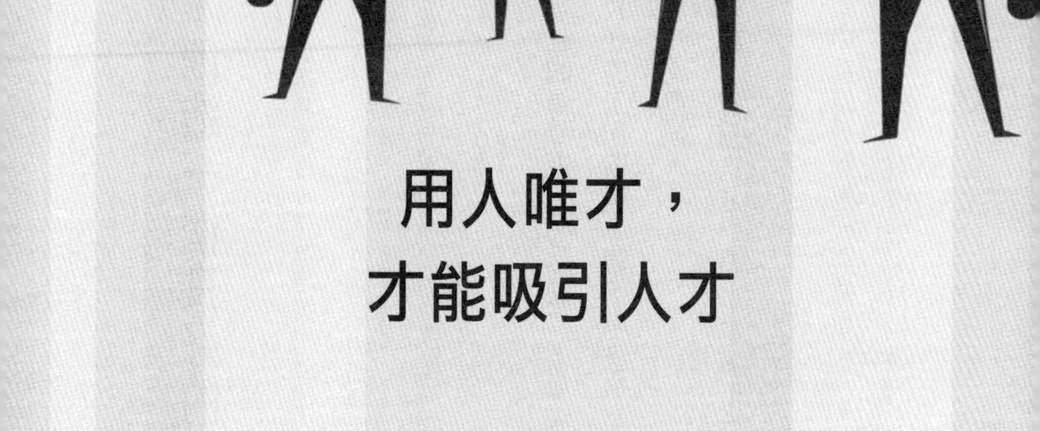

領導者要能拋棄個人成見，客觀地對他人做出評價，即使情感上不喜歡，也決不以私害公、以私誤公，而應看中對方的能力加以重用。

為人才創造一個良好的環境

有好的環境和條件，才能培養出好的人才，才能使人才脫穎而出，領導者如果想獲得人才，就要為人才創造出盡情發揮才能的環境。

一個卓越的領導者，必然懂得領導統御的管理謀略，既能知人善用的人，而且也能創造良好的工作環境，讓下屬盡情發揮自己的特殊才華，如此才能善用他們替自己完成心中的計劃。

尊重知識、尊重人才是當今社會的一大主流，一方面是爲了深化全社會的文化教育，另一方面也爲人才提供一個施展抱負的良好環境。只要是人才，只要有才識，在各行各業中就應受到重視與尊重。

如此長久下來，有道德、有見識的人就能擔任領導工作，有才能、有經驗的人就能管理各行各業。

人才得到了充分的發揮後，社會就能發展、進步，物質財富和精神財富就會豐富，更能創造出幸福、祥和的生活環境。

人才要脫穎而出得靠機遇、靠條件、靠環境，就像清朝詩人魏源所說：「龍和虎逞威之時，能教天昏地暗，但若沒有雲和風的幫助，也是一籌莫展。」

這個比喻說明人才要能成長和有所作爲，就得要有必要的條件和環境，所以唐朝陳子昂曾感歎歷代社會不是沒有人才，而是人才難得機遇。

《紅樓夢》中的探春也是如此。她在大觀園中是唯一具備管理能力的女性，也是行將沒落的豪門中的一個改革者，然而在腐朽的封建家庭裡、在男尊女卑的傳統觀念桎梏下，她無法一展才華和抱負，最後還是擺脫不了封建婚姻的悲劇下場。

還有，齊奧爾科夫斯基在一個偏僻的中學裡做研究，由於沒有資料，一生中的創造大多重複了前人的發明，但如果他有機會進劍橋大學的卡文迪許實驗室，憑他的才幹是可以獲得諾貝爾獎的。

相反的，著名化學家羅曼諾索夫出生在俄國的一個小島上，那裡沒有學校，書也只有《聖經》，所以到十歲時，還只能學到很少的知識；他正是後來有機會到莫斯科求學，才成了著名的科學家。

由此可見，環境對一個人才有多大的影響。因此，在現代社會中，一個優秀的領導者要想發現和獲得更多人才，就應該排除各種妨礙人才發揮的障礙，創造讓人才脫穎而出的良好環境。

以下就是幾個塑造良好環境的好辦法。

●為人才成長創造一個良好的輿論環境

唐朝文學家韓愈在《原毀》一文中指出：「事修而謗興，德高而毀來。」常言也說：「木秀於林，風必摧之；土壘於岸，浪必激之。」

當某人能力低且不出名時，大家便易與他相安無事；但若某人能力強而鋒芒畢露時，馬上就會有人出來攻擊他，這已經是古今中外見怪不怪的現象。

以中國歷史而言，就不斷發生屈原遭貶、西漢賈誼抑鬱而亡之類悲劇。

更由於這種原因，古代不少英雄豪傑便不得不行「韜晦」之計，本來頗具雄才大略，卻不敢發揮。

西方社會也不遑多讓，美國著名作家馬克．吐溫就曾寫過一篇名為《競選州長》的諷刺小說，書中主角一提出要出馬競選州長後，便立即遭到政敵們明槍暗箭的攻擊，一時之間成為眾矢之的，弄得他有口難辯，只好聲明退出競選。

要避免以上情況，領導者就必須創造一個良好的輿論環境，讓人才能夠盡情發揮，別讓心存嫉妒的人妨礙了人才的成長。若是如此，人才就不必行「韜晦」之計，自能盡力貢獻所長，努力為組織謀取利益。

●創造一個機會均等的社會環境

歷史上一些開明的君主都十分注意創造機會均等的環境，讓更多人才能夠發揮才華。例如，唐朝女皇武則天為了克服科舉上以門第、親戚、私人關係和請人代筆的作弊現象，立志改革科舉，並下令所有考生答完試題後，一律將試卷上的名字黏起來，以防徇私舞弊。

武則天創造的「糊名考試」，就是讓有才華的人能有一個平等競爭的機會。

人才只有在競爭中才能充分發揮學識和才華，不過要進行競爭，就要有一個機會均等的社會環境，方能讓人才在公平、平等的環境中，通過測試、選拔等各種方法實現自己的才能。

沒有適當的競爭，就沒有人才優質化；沒有公平的競爭，人才也難以脫穎而出。因此，領導者努力創造一個機會均等、公平競爭的工作環境，就是促進人才快速成長的重要關鍵。

有好的環境和條件，才能培養出好的人才，才能使人才脫穎而出。領導者如果想獲得人才，就要爲人才創造出能讓他們盡情發揮才能的環境，若是無法做到此點，人才當然會被埋沒，這對每個領導人而言都將會是一大損傷。

用人唯才，才能吸引人才

> 領導者要能拋棄個人成見，客觀地對他人做出評價，即使情感上不喜歡，也決不以私害公、以私誤公，而應看中對方的能力加以重用。

用人唯親與用人唯才是兩種不同的企業用人方針。用人唯才，是指不論親疏恩仇，只要是有能力的人就加以重用；用人唯親，是自己的親友或親近自己的才信任並重用。用人唯親雖然確保彼此的關係會較親密，但卻會產生許多大問題，歷史上不少英雄好漢就是因爲這樣而敗亡的。

用人唯親的問題在於一個人的親友畢竟有限，要在有限的人數中選拔出人才，必然數量少、品質不高，所以多庸才。況且，用人唯親必然不信任外人，外人就會被排擠，即便是人才也不得重用，而不被重用的人才，就會另尋出路、投奔他處，這等於是爲敵對勢力提供人才，結果是削弱了自己、增強了敵人。

用人唯親無非是因爲親人可信任，情感上較親密，但事實上，是否可信任是看那人的品德如何，而非關係是否密切、情感是否親密。我們不難見到，歷史上識錯人的領導者每當勢衰或敗亡時，出賣或殺害自己的恰恰是親密的人。

只是前車之鑑雖然那麼多，但用人唯親的領導者仍不乏其人，這既有感情問題，也有瞭解和認知的問題；要做到用人唯才，得要有寬闊的容人胸懷，有超人的膽識與才能，只可惜這種傑出的人物不多。

清朝末年的太平天國一開始很重視人才，譬如楊秀清足智多謀，蕭朝貴勇敢剛強，韋昌輝處險不驚，石達開文武兼備。洪秀全用人唯才，使太平軍的領導階層能團結一致、各有所用。但隨著勢力的擴大，領導集團迅速分化，宗派和權力慾望惡性膨脹，終於釀成「天京政變」，使楊秀清、韋昌輝均在自相殘殺中死於非命。

勢力的擴大使天王洪秀全心胸越來越狹窄，越來越關心洪氏家族的權勢與地位，而置追隨者的命運於不顧。在用人上，他開始大量任用同族親信，給自己兩個昏庸無能的兄長洪仁發、洪仁達封王授爵，由任人唯賢逐步轉向任人唯親，使太平天國喪失重振雄風、恢復強盛局面的機會，逐步走向衰落直到滅亡。

歷史學家在評價太平天國的失敗時，歸結爲洪秀全的任人唯親與猜賢忌能。由此看出，任人唯親，輕則失人失民，暗藏危機；重則失國失權，斷送河山。

現代企業用人唯親的情況也很常見，一些中小企業中，「家族化」的經營風氣更是盛行，往往是總經理、廠長的妻子管財務，弟妹管供銷，舅子管人事，一派「家天下」的陣式。即使是在國營企業中，有些領導者也會設法把子女弄進公司中，以求一官半職。

但是，綜觀家族式經營的失敗教訓，這種做法的後果必然是可悲的。

一、家族化經營用人唯親，因此有人明明無德無才但薪水卻很高；而有一技之長的人得不到重用，甚至受「衆親」的嫉妒、排擠，只好跳槽另謀高就。

二、容易形成派系拉幫結夥。在企業中形成「家族派」與「非家族派」；在「家族派」內部，又因近親、遠親，地位和待遇不同，形成小派別，彼此明爭暗鬥、針鋒相對。在這種情況下，企業的發展自然不穩定

三、親人間會憑藉關係互相串通，以權謀私，所以企業當然會被搞垮。

既然知道用人唯親的壞處，那要如何才能做到任人唯才呢？身為領導者，必須要把握住兩個基本點：

一是選才，要出於「公心」。

這點的關鍵在於無私，無私是選賢任才的前提。對於這點，孔子了解得十分清楚，他說：「君子對天下之人，不分親疏，無論厚薄，只親近仁義之人。」也就是說，在人才問題上，應該不計較個人恩怨、得失，而只考慮國家的利益、民眾的利益。

二是選才不避仇。

這就需要領導者公而忘私、虛懷若谷，有很寬廣的心胸，能夠不計較個人的恩怨和得失；要能拋棄個人成見，客觀地對他人做出評價，即使情感上不喜歡，也絕不以私害公、以私誤公，而應看中對方的能力、加以重用。

沒有私心，才有良心

擁有率直心胸的員工會是企業的良心，更是領導者的好夥伴，因為他們直言不諱、擇善固執，所以領導者才能導正企業前進的方向。

一旦企業中人人都有率直的心胸，企業將變得更有活力，正常且理性。

率直的心胸是要沒有私心、天真且不受主觀、物慾所支配。有了率直的心胸，才能看清事物的面貌，並找出應對世事的方法；有了率直的心胸，就可以明辨是非，看清正確與謬誤間的分界，找到自己應走的道路。

率直的心胸可將人才的聰明才智導向正軌，以光明磊落的態度處理事物，認清事物的眞貌，並以堅定的信心，採取正確的行動，擁有擇善固執的良好品德。

這樣的人不論身處何種環境，都能依循心中的原則，做自己認爲「對」的事。

例如，二十二歲的李寧在護校畢業後，不到半年就被分配到一間軍醫院，那裡的外科張主任看中了李寧，想留下她。

李寧聰敏能幹，外科張主任十分欣賞她，但李寧有個「弱點」，就是只要自己認為是正確的，就會堅持到底，直到對方讓步為止。

因此，外科部的人對她褒貶不一，有的說她固執得可愛，有的說她驕傲得可惡，不過張主任正好喜歡她這種該說「不」時勇於說「不」的良好品格，並常常說她是個人才。

這位張主任其實是個很難伺候的主任，平時大多沉默寡言，而且為人固執，不過他對事業相當認眞執著。有一次，張主任親自主刀搶救一位腹腔受傷的重傷病患，一旁的護士正好是李寧。

這場複雜又艱苦的手術從中午進行到黃昏，最後手術順利成功；只是當張主任宣佈縫合時，李寧突然出人意料地說：「等等，還少一塊紗布。」

張主任問：「一共有多少塊紗布？」

李寧說：「應該有十六塊。」

「那現在有多少？」張主任問。

「十五塊。」李寧回答。

「妳記錯了，」張主任肯定地說：「紗布我都已經取出來了。而且手術已經進行了那麼久，要立即縫合。」

「不，不行！」李寧突然提高嗓門，堅定地說：「我記得清清楚楚，手術中我們共用了十六塊紗布。」

聽到李寧這麼說，張主任這位資深的外科醫師似乎生氣了，果斷地說：「聽我的，立刻縫合，以後有事我負責！」

但李寧還是堅持：「您是主治醫師，您不能這麼做啊！主任，我們是救死扶傷的醫生護士，而這名病患是爲了國家而英勇負傷的，千萬不能草率啊！」

她依舊堅決阻止縫合，要求重新檢查。

沒想到聽完李寧這麼說，張主任的臉上竟露出欣慰的笑容。他點點頭，接著欣然地鬆開一隻手，向所有人說：「這塊紗布在我手裡。李寧，妳是一位合格的護士，夠格當我的助手。」

原來張主任是刻意考驗李寧，看她是否眞能擇善固執。

擁有率直心胸的人在做事時，不會考慮到太多人情世故，雖然這點會讓人覺得有些難相處，但正因爲不在意別人的想法、不被成見和種種顧慮所囿，所以反而更能看清世事的眞實面貌。

在人際關係中，若是有這樣的朋友等於擁有了一面明鏡，讓你能夠隨時了解自己的缺失，更能及時改善；在企業中，這樣的員工會是企業的良心，更是領導者的好夥伴。因爲，他們能直言不諱，能夠擇善固執，所以領導者才能隨時修正計劃，才能導正企業前進的方向。

這樣的人不論身處何種組織中，都是値得被重用、被珍惜的人才。

垃圾只是放錯位的寶貝

領導者切勿從外在條件判斷人。只要運用得當，每個人都能是人才，每個短處也都會是長處，關鍵只在於領導者是否有用人的眼光與腦袋。

每個人都不可能十全十美，不過既然人都有缺點，那麼必定有善用缺點的方法，這方法的關鍵就在於將缺點用到適當的地方，如此一來缺點也能變成優點，這就是所謂的「短中見長之術」。

《貞觀政要》中曾記載唐太宗李世民的短中見長之術。李世民說：「明主之任人，如巧匠之制木。直者以為轅，曲者以為輪，長者以為棟樑，短者以為拱角，無曲直長短，各種所施。明主之任人亦由是也。智者取其謀，愚者取其力，勇者取其威，怯者取其慎，無智愚勇怯兼而用之，故良將無棄才，明主無棄士。」

有位廠長既善於用人之長，更善於用人之短。比如愛鑽牛角尖的人就安排他去當品管，處理問題頭腦太呆板的人就安排他去考勤，脾氣太強、爭勝好強的人就安排他去執行特別任務，能言善辯且喜歡聊天的人就安排他去當公關。因此，在他的安排下，沒有不能用的員工，且每位員工都能在適當的位置上發揮所「短」。

一般人看來，短就是短，但在有見識的人看來，短也有長。

清代思想家魏源曾說：「不知人之短，不知人之長，不知人長中之短，不知人短中之長，則不可以用人。」

中國智慧充滿了辯證法，就看你具備不具備這樣的頭腦與眼光。如果能把握這種用人辦法，那不論是大才小才、奇才怪才、庸才歪才都會是人才。

在識人用人之時，要謹防「以短掩長」。有些人之所以被視為「無長」與「無用」，是因為人們只看到一些表面現象，沒有看到他們眞正的本事，因此，要善用人才就要懂得「挖掘」。

就像閃閃發亮的水晶石剛從土裡挖出來時，只是一塊髒兮兮的東西，要是只看表面，一定會把它當廢物扔掉；「挖掘」人才也是這樣，若是只會從外在條件判斷一個人的才能，那必定會糟蹋眞正的人才。

唐代文學家柳宗元寫過一篇文章叫《梓人傳》，故事是說有個木匠家中什麼工具都沒有，連自己的床壞了也沒辦法修理，因此，鄰人都說他是一個無才之人，徒有木匠的虛名。後來，這位木匠負責去蓋一座大型建築，只見所有的木匠都聽他指揮，工作進行得井井有條，效率高、品質好。

等到一座巍峨的宮殿呈現在大家眼前時，鄰人看著以往毫不起眼的木匠，個個目瞪口呆，懷疑他就是那個連自家床鋪也修不好的木匠嗎？

所以，身爲領導者切勿從外在條件判斷人，切勿輕易得出結論，說某某無用、某某廢物。事實上，垃圾有時只是放錯了位置的寶貝！只要運用得當，每個人都能是人才，每個短處也都會是長處，關鍵只在於領導者是否有用人的眼光與腦袋。

疑人也用，用人也疑

「用人也疑」是放手與管理的結合，既要讓下屬有空間發揮，又要有效地監督檢查。監督檢查既有防範作用，也能使工作成果更加完善。

就算能力再怎麼高強的領導者，也會有自己的能力限制與不足之處，也常常會出現力有不逮或者是分身乏術的情況。

在這種時候，想要成爲卓越的領導者，就要懂得妥善運用下屬的能力，讓他們幫助自己完成那些棘手的事情。

古人說：「疑人不用，用人不疑」，但現今在企業管理中流行一個觀點叫「疑人也用，用人也疑」。

其實，企業在用人問題上往往是一種「風險投資」。在面試員工時，很難一看就知他的底細，況且人也會隨著發展而變化，因此在選用員工時，只能判斷是否基本上符合求職條件，至於今後是否出色，還有待於日後工作的檢驗。在這種狀況下，蘊含了風險，有可能事與願違。

但即使如此，領導者雖有「他究竟能否幹好」的疑惑，也還是要用用看，這便是「疑人也用」。

至於「用人也疑」，說的是企業管理中必須要有的監督機制。

企業管理中，既要有激勵機制，又要有監督與制約的機制，這是管理企業上不可或缺的「兩個輪子」。沒有監督制約機制的管理，必定會出現大問題，甚至損失慘重。就像當初英國的巴林銀行對駐新加坡的理森「用人不疑」，結果他三年來一直做假帳隱瞞虧損，最後造成八億兩千七百萬英鎊的損失，致使有兩百年歷史的老牌巴林銀行破產。

「用人也疑」的監督制約機制，並不僅僅是針對被監督人，它還呈現出企業一種完善的運作機制。對任何人來說，沒有監督制約機制，就等於欠缺有效的管理，「用人不疑」也就建立在盲目、毫無章法的基礎上，最後難免要出大問題，甚至是演變成滅頂之災。

「用人也疑」應該是放手與管理的結合，既要讓下屬有空間發揮，又要對他們進行有效監督檢查，這些監督檢查既有防範的作用，也能使工作成果更加完善。

例如，通過監督檢查，可以及時掌握工作進度，可以及時發現計劃與現實的不合之處，有利於溝通和解決。

對下屬的監督檢查，更能考核他們的工作態度和成效，能夠截長補短，使他們可以更有效地發揮本身的才能。

從這個意義上來說，「用人不疑」往往會被解釋爲放手不管，而「用人也疑」則是放中有管，在放和管中尋求平衡，使企業管理中激勵與監督這兩個輪子和諧地運轉，彼此並行不悖。

人才是企業發展的關鍵

人才是現今企業能否發展、茁壯的關鍵，但要吸引人才，除了要為人才創造出可供發揮的環境外，領導者更要有禮賢下士的風度。

如果你想成爲卓越的領導人，有一番超越別人的成就，首先就必須建立起讓別人肯定的良好形象，才可能爲自己招來優秀的人才，進而站在有力的地位，讓這些人才心甘情願爲自己實踐抱負。

戰國時期，齊兵攻燕，燕國百姓不甘心接受亡國的命運，聯合將齊兵打敗，找回太子立爲國王，即爲燕昭王。

面對滿目瘡痍的國家，燕昭王立志不惜代價，要廣招人才重建家園，於是向年高德劭的郭隗請教招賢的辦法。

郭隗沉思良久後，對燕昭王說了一個故事，大意是說，古時有一個國君最愛千里馬，派人四處尋求，但過了三年仍無所得。

這時，有個侍臣聽說遠地有千里馬，遂告知國君這個消息；國君給了千兩黃金，讓侍臣前去買馬。

沒料到，當侍臣到達時，千里馬已經病死了，於是侍臣取出五百兩黃金買下馬首，獻給國君。國君看到後勃然大怒，但侍臣解釋說：「大家只要知道您肯花錢買死馬，還怕沒人把活馬送上來嗎？」

果如其言，五百兩買馬首的消息傳出後，世人都知道這名國君眞的非常愛惜千里馬，不出一年，便從四面八方送來幾匹千里馬了。

郭隗告訴燕昭王，只有放下身段、屈尊敬賢才會吸引能人賢士來歸附。燕昭王聽從他的建言，重用郭隗，並設「黃金台」廣攬賢士。

於是，燕國逐漸強大了起來，最後成爲戰國七雄之一。

這則小故事給企業領導人的啓示是：

第一，選拔英才要有誠意。

不要認為禮賢下士只是古代開明君主或政治家的一種個人優良品德，其實它正是選拔人才最有效的辦法。

第二，要想獲得人才，得要先樹立自己重才和愛才的形象。

藉著重才、愛才形象，才能吸引更多懷才不遇的仁人志士。

第三，領導者要親自致力於人才選拔。

「領導不親自參與，就得不到人才。」這是日本川崎化工總裁淺井雅夫對於企業如何吸引人才、選拔人才的切身體會。

在日本，爭奪高級人才的競爭十分激烈，導致許多大企業在招募員工時，都只能保量不能保質；川崎化工原本只是家小企業，卻沒有人才短缺之憂，原因在於領導者親自參與了人才的選拔。

人才是現今企業能否發展、茁壯的關鍵，所以每位企業領導人都求才若渴。但要吸引人才，領導者除了要為人才創造出可以發揮的環境外，更重要的是領導者得要有禮賢下士的風度，唯有如此，才能吸引人才。

要吸引人才，就要有保護人才的魄力

領導者不但要有容才之德，還要有護才之魄。一個優秀的領導者應當力排眾議，無畏地保護人才，方能培育出更多人才。

成功的領導者與失敗的領導者之間之所以產生那麼大的差別，原因就在於前者是積極的，懂得主動出擊，積極招募人才，至於後者則是消極的，只會被動等待，卻老是抱怨欠缺人才。

想成為一個卓越的領導者，選才用才之時必須清楚，世界上沒有完美無瑕的人，即便是被人們公認的人才，也很難是個全才。

例如，諸葛亮是劉備的得力軍師，可是要他提刀殺敵必定比不過張飛；李逵在水裡打不過張順，但上了岸，張順又不是李逵的對手。由此可見，人才雖有所長，也必有其短，而且常常是優點越突出，缺點也越明顯。

而且既然是人才，必定有自己的眞知灼見，必然對自己的見解充滿信心，不會隨意附和領導者的每個意見，時常堅持己見。

既然是人才，往往忙於求知而無暇無力去搞人事關係，也往往天眞而不懂人情世故，因此可能會不顧領導者的顏面，不分場合地秉公直言。

所以，想成爲卓越的領導者一定要有寬闊的胸懷，也要有容才的雅量，要能容忍人才的特點和缺點。「宰相肚裡能撐船」、「小不忍則亂大謀」都是現代領導者應該謹記在心的格言。

許多卓越的領導者能在群雄中稱霸，容人的雅量正是成功的關鍵。

相反的，聰明睿智的諸葛亮在輔助後主劉禪之時，卻因過於「明察」而適得其反。當時，魏延勇猛過人，屢建戰功，只因「性矜高」，所以不得諸葛亮重用；廖立的才智雖與龐統齊名，只因發了點牢騷，即被放逐。

當然，這兩人的確有缺點，但只因一點小缺點就捨棄不用，也代表領導者沒有容人與用才的度量，也無怪乎在諸葛亮死後，蜀國第一個滅亡，這當然與諸葛亮在用人上的失誤有關。

對於人才，領導者不但要有容才之德，還要有護才之魄。這是因為，人才大多有非同一般的眞知灼見，甚至某些新穎的觀念可能會被視爲「異端邪說」，或是行爲會被周遭視爲「胡作非爲」，所以，這些人才可能會遭到一般人排擠，或是與其他人存在某種程度的「對立」。

在這種情況下，一個優秀的領導者應當勇敢地站出來，力排衆議，無畏地保護人才，而且無數的事實也強有力地證明了，只有「有膽識駿馬，無畏護良才」方能培育出更多人才。

與其要求「完人」，不如善用「偏才」

正確的用人之道，在於善用對方的長處，而非要他成為「完人」。用他的長處，他就是「能人」；用他的「短處」，他就是「笨人」。

古代卓越的領導者的用人哲學是：「用人如器，各取所長。」人難以十全十美，即便是最優秀的人才也是會有缺點。不過身爲領導者，就要懂得如何應用每位屬下的長處，別讓他們的缺點掩蓋了自身的能力。

戰國時代的衛國是一個經常受周圍大國侵擾的小國。有一天，子思對衛侯說：「苟便是一個能攻善戰的人才，可以任命他統帥大軍。」

誰知，衛侯卻回答說：「我早就知道苟便有統帥軍隊的才能，是一個不可多得的將軍。可是，你不知道，他的操守有問題，曾經在當官時，從老百姓那裡搜刮了兩粒雞蛋，所以我不用他。」

子思雖覺好笑，但仍委婉地對衛侯說：「古往今來的賢明君主在選用人才時，就好像木匠選用木材一樣，取其所長，棄其所短，像幾抱粗的木材是相當好的木料吧，只是中間可能有幾尺已經腐壞了，但高明的木匠並不會把整根木材扔掉，而是選用其中完好的部分，選用人也是這樣。現今情勢不穩、戰亂頻傳，非常需要有才幹的人才，所以各國都在招賢納士，但衛侯您卻因兩個雞蛋的問題而把一個能率領千軍萬馬、能攻善守的將軍丟棄不用，這實在太可惜了！」

衛侯聽了這番話後，終於醒悟過來，笑著對子思說：「我明白了。」

又例如，某公司的經理決定任用一個曾受刑過的工人當分廠的廠長，這件事在公司內掀起了軒然大波。

原來，經理在調查這個分廠時發現，這家工廠的工人平均每人每天組裝十到十六只電鍍錶，但那個曾被受刑過的工人所在小組，平均是每天每人組裝四十到五十只電鍍錶，這全歸功於那名工人正是這小組的組長，在他的領導下，組內每人的效率都相當高。

經理頂住輿論的壓力，升任這名曾有劣跡的人。果然在那名工人擔任廠長後，整個分廠的工人每人每天都能組裝四十只電鍍錶。有人仍不服氣：「連受刑人也能當廠長，那人人都可以當廠長了。」

聽到這樣的反對聲音後，公司經理理直氣壯地反駁說：「你能把組裝效率從十只提高到四十只嗎？如果不能，就要誠實地承認對方有能力、比你強。」

世上只有偏才，沒有全才，有所長必有所短，所以正確的用人之道，在於善用對方的長處，而非要他成爲「完人」。你用他的長處，他就是「能人」，相反的，你用他的「短處」，那他就是「笨人」了。

所以，領導者要想獲得人才，要想得到人才的幫助，就要先懂得發掘每位屬下的優點，善用每位屬下的長處。

PART 9

如何在別人心目中建立威信

任何一項新的決策，在執行過程中必然會面臨阻力和壓力，作為領導者千萬不能輕易放棄，要把自己的決心和意志表現出來。

權力是一把雙面刃

即使是在你權力範圍之內能決定的事情，領導者也要盡可能地向下屬表示尊重，吸收他們的有益意見。

權力是一根帶刺的木棒，用得不好，既傷害別人，也傷害自己。

職場中常有這樣的現象，有些領導者看起來很有權力，但分派一個任務時卻要三申五令，甚至以處罰相威脅，下屬們才會去執行，而有些人雖不是領導者，也沒有權力，但只要他想辦一件事，立即會一呼百應。

這種現象說明了威信比權力更重要。因此，聰明的領導者總是會用威信的「外衣」把自己的「權杖」裹好，免得既傷害了別人，也紮傷了自己。

領導者的地位和權威是由兩部分構成的：一爲權力，這和本人無關，是由整個組織或上級部門賦予的；一爲威信，它的建立和上級無關，完全依靠領導者自身的言行來樹立和積累。

在實際生活中，有些領導人被賦予了管理和組織下屬的權力，但他們卻缺乏威信或威信不夠，致使他們的權力在執行過程中大打折扣，下屬對他們的命令陽奉陰違，或暗中抵制，或根本置之不理。

而又有些中層下屬或基層員工，雖然沒有上級或組織賦予的權力，但在同事之間卻享有很高的威信，同事們都願意聽從他的吩咐和意見。

由此可見，一個好的領導者要想使自己的「政令」暢通無阻、「政策」得到正確貫徹執行，就不能滿足於已經到手的那根「帶刺的」權杖，還得親自編織一件威信的「外衣」把它裹好，使用起來才得心應手。否則，光拿著這根權杖亂舞，既容易傷害下屬，也容易傷害自己。

因此，高明的領導者拿到權杖的第一件事，一般並不是「新官上任三把火」，而是先暗中冷靜觀察，瞭解自己所面對的情況，爲日後正確行使權力打下基礎，即使不得已要使用權力，也是得非常謹愼、節制。

因爲他們很清楚，不明就裡地揮舞權杖，也許會贏得一時威風，博得一片喝彩聲，但隨後就會很快地發現，權力之杖的銳氣正一點一點地在鈍化。原因很簡單，因爲你還沒有服人的威望，不加調查、不分青紅皀白地使用權力，勢必會損害某一些人的既得利益，你的權杖受到磨損是再自然不過的了。

即使是在你權力範圍之內能決定的事情，領導者也要盡可能地向下屬表示尊重，吸收他們的有益意見，以統一企業內部的人心和步調。在關係到企業發展的重大問題上，如果不事先聽取下級們的具體意見，儘管你是在行使自己的權力，但毫無疑問的，也會使自己的下級失去責任感和熱情。

如何在別人心目中建立威信

任何一項新的決策，在執行過程中必然會面臨阻力和壓力，作為領導者千萬不能輕易放棄，要把自己的決心和意志表現出來。

大文豪莎士比亞曾經寫道：「那些建立豐功偉業的人，往往借助於對自己盲目崇拜的人之手。」

的確，所謂的英雄並非比平凡人優秀，只不過他們懂得如何運用厚黑權謀，讓追隨他的人，心甘情願地爲自己賣命。

威信是權力的通行證。

想要一個優秀的領導者，光掌握權力是遠遠不夠的，還必須爲自己贏得威信。威信和權力是一個領導者的左肩右膀，缺一不可。

那麼，領導者在擁有了權力後，該怎樣樹立自己的威信呢？

首先要明白「羅馬不是一天建成的」道理，領導者在下屬中的威信同樣不可能一蹴可幾，它只能長期的、一點一滴的慢慢積累，建立在領導者如何處理每一件事情、對待每一個下屬的基礎之上。

三國劉備曾經說：「勿以善小而不為，勿以惡小而為之」，把它用來形容領導者威信的建立，也顯得非常合適。

二是領導者要無私，無私才能無畏，無私才能立威。只有一心為公的人才可能受到下屬們尊重，才能在處理問題上無所畏懼，在下屬心目中建立威信。

三是領導者要說話算數，所謂「言必行，行必果」，言行不一致，說一套、做一套的領導者，是不可能建立威信的。

四是領導者要有不屈不撓的勇氣和意志力。

毫無疑問的，任何一項新的決策，在執行過程中必然會面臨阻力和壓力，作為領導者千萬不能輕易放棄，要把自己的決心和意志表現出來。不要因為怕承擔失敗的責任就裹足不前，喪失信心。

五是領導者要明白，人格和威信不是建立在強制性的命令之上。有時候，提出問題不僅比下命令更容易讓下屬接受，而且還會激發他們解決問題的積極性。

南非有一家專門生產高精密度機械零件的小製造廠，有一次，該公司的經理麥克唐納有機會接下一筆爲數龐大的訂單，但是他深知憑自己現有的條件，很難滿足顧客想要的交貨日期，因爲工廠的工作計劃已經排滿了，下命令要求工人們加快進度並不容易，說不定還會引來他們的反感和抵制。

聰明的麥克唐納意識到這一點後，便把工廠所有的工人召集到一起，向他們解釋和說明了公司現在面臨的一個絕佳的機會，並且告訴他們，如果公司能夠改變先前的計劃接下這個訂單的話，對於公司和全體員工都會大有好處。但隨後，他並沒有催促工人加速去工作，而是又提了幾個問題：誰能想出最好的辦法來取得這筆訂單？能不能調整工作時間如期交貨……

麥克唐納這個巧妙的方式，使得工人們愉快地接受了這個任務，結果這批大訂單也就如期點交了。

智囊團是領導者的另一個大腦

維護智囊團內部的團結，是領導者義不容辭的責任，當智囊團不能運轉或名存實亡時，通常就是領導者走向失敗的開始。

一個公司運轉與事業的成功，光靠領導者個人的智慧和才能是不夠的，因爲一個領導者不可能對公司的每一個職員都進行直接管理。

因此，一個成功的領導者一定要有一個「智囊團」，幫自己出謀劃策。事實上，一個企業的成功，往往不是靠領導者個人的智慧和才華，而是靠領導者周圍的那些追隨者，這些追隨者就是領導者智囊團的基礎。

一個領導人如果沒有一個心手相連、智勇雙全的智囊班子，他的志向和意圖是很難實現的。

智囊團就是領導者另一個大腦，它能爲領導者提供寶貴的建議、做出最明智的決定；同時，它又是領導者的左右手，在貫徹領導者意志、執行領導者決定、維護領導者威信方面，有著重要的作用。

對於智囊團，領導者一定要把他們當做「自己人」，和他們連結成非常親密的關係。因爲，領導者成熟的意見，大部分來自於智囊團討論後的方案，他們對公司的大小事情也比較清楚，領導者想取得正確而周延的看法，就必須開誠佈公、坦率無諱地和他們進行磋商和交流，汲取他們深思熟慮後的想法，最終形成正確的決策。

在智囊團內部出現爭執和意見不一的時候，領導者不能優柔寡斷、猶豫不決，一定要依據自己的思想和看法做出裁決，不能和稀泥。

當然，維護智囊團內部的團結，是領導者義不容辭的責任，當智囊團不能運轉或名存實亡之時，通常就是領導者走向失敗的開始。因此，在出現爭執時，領導者除了要採納正確的意見外，一定還要設法說服、安撫持反對看法的成員。

領導人建立智囊團不同於拉幫結派、搞小圈子。

首先，他們的目的根本不同，前者是爲了工作的需要，建立在取得和達成正確、一致的意見基礎之上，而後者卻僅僅是為了一小部分人的私利。

其次，兩者運行方式也不同，領導者的智囊團是公開運作的，最後的決策會在組織內部傳達和宣佈，而後者卻是秘密的、見不得人的，只能以秘密的方式進行。

此外，兩者構成的成員也有很大差別，智囊團一般是由思維活躍、經驗豐富、學識淵博的人才組成，而小圈子成員則大部分是由溜鬚拍馬、阿諛諂媚之輩構成的。

因此，精明的領導者絕對不允許公司內部劃分派系，但卻非常樂意有個自己的智囊團。並且，領導還應該在允許智囊團與自己持不同意見。因為，智囊團如果研究不出不同看法、不同方案、不同意見的話，那也就稱不上智囊團。

當然，要注意的是，智囊團最後的建議並不能就代表領導者的決策。如果智囊團的意見每次都獲得領導採納，說明這個智囊團的想法、能力，其實和領導人相去不遠，這是件相當危險的事，可能造成全盤皆輸的後果，必須及早汰換其中成員。

領導者對智囊團的意見要有自己的主張，既要認真聽取，積極採用，又要審慎處理，仔細分辨正確和錯誤之處。

劣馬也會變成千里馬

在賽馬時，沒有絕對的好馬與劣馬，當你騎上任何馬匹時，只要你能掌握儘量放鬆韁繩的訣竅，讓馬兒不知道有人在操縱牠，那麼就算是一匹劣馬，也會變成千里馬。

劉邦是漢朝開國皇帝，出身微賤，也沒有什麼大才能，無論是武藝還是智謀，他麾下文臣武將比他強的人數不勝數，但他卻在眾人擁戴下開國稱孤，當了至高無上的皇帝。

有一次，他問他手下的大將韓信：「你看我能帶多少兵啊？」

韓信說：「最多不過十萬。」

劉邦又問韓信：「那你能帶多少兵呢？」

韓信回答：「多多益善。」

劉邦聽後，哈哈大笑：「我帶兵打仗雖不如你們，但我卻善於統帥將領，這就是我之所以能當皇帝、而你們只能當將軍的緣故啊！」

這是中國歷史上流傳的一個故事，也許是眞實的，也許是後人虛構的，重要的是，它指出了領導統御的重要性。

領導者要明白，也許你在技術上不如你的某些下屬和員工，在學歷和能力上不如新來的小夥子，但這都並不緊要，只要你擅長於管理，把公司內外事務安排得井然有序，能夠識別人才，並對他們適才適所地進行合理的安排，他們自然會樂意服從你的領導。

對於領導者來說，你可以沒有其他過人的長處，但一定要有善於用人、善於管理的才能。自己不會做的事，大可安排合適的人才去完成，這也是一種非凡能力。

最怕的是你自己不會做，又沒有識人、用人和管理的才能，結果把事情搞得一團糟。因爲，「城門失火，殃及池魚」，下屬犯了錯誤，自然會累及領導者的威信，如此一來，領導者的位置也就不安穩了。

因此，領導者首先必須具備的才幹是善於識人、用人和管理，其次才是技術和其他的才能。

如果你具有某一方面的精湛技術，不妨在適當的時機和場合露一手，既鎮一鎮某些自命不凡、不服領導的人，也可以使那些尊重你的人更加敬佩你。如此一來，你在用人和管理上就會更加得心應手了。

世界最佳騎士修曼克先生曾經說過：「在賽馬時，沒有絕對的好馬與劣馬，當你騎上任何馬匹時，只要你能掌握儘量放鬆韁繩的訣竅，讓馬兒不知道有人在操縱牠，那麼就算是一匹劣馬，也會變成千里馬。」

從這個角度來說，你所用的人，是不是一匹「好馬」，完全在於你是否懂得操縱手上的「韁繩」！

傳播媒體是社交活動致勝武器

領導者應當對大眾傳播媒介予以高度重視，並充分地利用一切可以利用的社會資源，調動一切可以調動的因素，以發揮大眾傳媒所不可替代的獨特作用。

一個領導者，無論多麼精明能幹，如果不會用體面和機智的方式來處理日常事物，那就不能算是領導統御高手，領導者必須注重社交的方法和藝術。

那麼，什麼是企業社交？

它是指企業爲了自身的生存和發展，必須創造出一個更好更舒適的環境，採取的一系列政策和企業外部的組織活動，這種交往活動，主要反映在兩個企業之間的相互影響，從而構成企業的外部關係網絡。

社會關係是構成企業生命的要素，也是一筆可觀的無形資產，一個企業的正常運作少不了社會關係，在市場經濟條件下，這種關係網絡鮮明地呈現了社會高度分工的時代特徵。

如果，失去了這種「社會網路」，我們即失去了相互合作、相互依賴的條件。

前美國國務卿季辛吉博士創辦了一家國際諮詢公司，由於他本身和許多國家政府和大公司的領導人都有密切的關係，因此，當其他國家或公司的領導人希望進行接觸和進行經貿往來的時候，只要有他的推薦和諮詢，事情就變得順利得多了。

任何企業都希望建立良好聲譽，爲自己奠下不敗基業，然而要怎樣才能擁有好名聲呢？這當然不是自己說了就算，而是需要公衆的認可，特別是企業外部的社會大衆，他們才是眞正的裁判。企業的領導者，都應當重視這個問題。

其實，所謂社交和社會關係學，並不是近代才有的觀念，早在春秋戰國之際，就有了專門從事外交和社會關係活動，並以這種工作爲職業的「縱橫家」。

他們根據自己的所學充分加以發揮，奔走於各國之間，巧舌如簧地進行遊說，這對當時和後來的歷史面貌，產生了不可忽視的影響，而其中又以蘇秦的「合縱政策」與張儀的「連橫方略」最爲有名。

英國首相邱吉爾也是位能言善道的外交家，就在二次世界大戰爆發的前幾天，還在英倫與歐洲之間穿梭的他，居然靠著一張嘴，構築了大戰初期的外交格局。

此處強調的社交活動，主要是指在公眾場合與其他單位聯繫的相關問題，爲了突出社會交往活動的重要性，我們將舉大眾傳播媒介的例子來做個案分析。

大眾傳播媒介對於企業的形象與在公眾中的聲譽將有越來越明顯的影響。一方面，它是社會交往活動的媒介，領導者可以利用它與社會各界進行交往聯繫，另一方面，它又是開展社交活動的重要橋樑。爲此，領導者應當對大眾傳播媒介予以高度重視，並充分地利用一切可以利用的社會資源，調動一切可以調動的因素，以發揮大眾傳媒所不可替代的獨特作用。

然而，領導人在和大眾傳播媒介打交道時，必須注意以下幾方面：

首先，必須堅持實事求是的基本原則。

眞實性是大眾傳播媒介的基本要求和基本特點，領導者在與大眾傳播媒介打交道時，一定要提供眞實可靠的材料和資料，不要虛浮誇張，或者捏造欺騙。

其次，要積極主動，禮誠相待。因爲，你是求助於大眾傳播媒介爲自己宣傳或擴大知名度，而不是傳播媒體求助於你。

因此，領導者一定要採取積極主動的姿態，禮貌熱情地和有關新聞記者、編輯建立適當的關係，同時也應該主動地向他們提供有關情況，發佈消息和稿件；並應設專人接待，爲記者、編輯採訪提供文件、素材和要找的新聞人物。

原則上來說，與大衆傳播媒介打交道不應該淪爲庸俗的交易，不應請客送禮，更不能以金錢賄賂，也不能以刊登廣告爲誘餌，要求大衆媒體宣傳。

但是，隨著近年來所謂「有償新聞」的出現和蔓延，這個原則卻受到嚴重的挑戰。因此，我們有必要對大衆傳播媒體採取較爲靈活的態度，在堅持原則的大前提下，儘量變得活潑主動，而不是張網待雀、守株待兔。

要儘量與新聞媒體接觸，主動地表現自己，例如召開記者招待會、專家研討會，而在處理相關應對問題的時候，只要堅持原則，靈活工作，自然會達到你想要的效果了。

不講信用就做不成生意

沒有信用，不僅會得罪了老朋友，也難於結交好朋友，在商場上更是如此，一旦失去信用，生意根本就做不成。

企業對外交往中，不能不講信用，不講信用、不以誠相待，不僅損害他人的利益，也會損害自身的切身利益，當然更談不上更進一步的交往了。

在瞭解社會交往活動的重要之後，我們還必須充分瞭解社交活動應該注意的基本原則和遊戲規則。社交的原則是由社交活動的性質和目的決定的，也是各企業主根本利益和社會責任的反映和體現。

社交活動的原則，就是處理公衆關係的原則，在這裡分述如下：

一、敞開胸襟講實話。

領導者之所以要講眞話，是爲了在社會交往中取得別人的信任，與更有效地解決問題。

因此，我們實際工作中的任何問題要想得到合理的解決，必須要以對客觀事物做科學的分析爲前提。如果做不到這一點，而去掩蓋事實，弄虛作假，這不但對解決相關問題毫無幫助，而且還會把事情弄得更糟。

你可能偶爾投機取巧成功，但是，絕對不可能次次都僥倖成功，對公衆不講眞話，從某種程度上來看，是對公衆的愚弄、欺騙和不尊重，最終結果也必然影響到你與企業的聲譽。

就像美國最早製造炸藥的克萊頓公司，剛開始時，對外一切都保神秘狀態。但是，製造炸藥，難免會發生意外的爆炸事件，於是外界流言越來越多，越傳越毛骨悚然，最後居然把該公司的形象編成了可怕的殺人魔鬼。

後來，該公司在報界朋友的啓發下，把一切眞相向大衆公開，主動邀請記者到工廠來參觀或座談，並透過傳播媒介向大衆報導眞實情況，同時還大力向公衆宣傳化學工業與日常生活的關係。

經過公開後，不僅沒有損害公司的形象，反而解決了長期以來困擾著公司的難題，得到公衆的諒解和好評。這就是一個講實話好處多的典型。

二、一定要講信用。

信用是以事實眞相爲基礎的，也是在交往中產生的。

不管是人與人或企業與企業的交往中，人們一直將信用視爲最寶貴的生命，對商家來說，它則是自己和公司的生存所在，古往今來，信用和信譽都是生命裡最重要的美德，具有世代相傳的特性。

春秋戰國時代，楚國人季布生性忠厚，行俠仗義，樂於助人，凡是他答應別人的事情，一定會想盡方法努力達成，否則他就會覺得自己欠了別人的情。因此，在楚國民間流傳著這樣一句諺語：「得黃金一千斤，還不如得到季布的一句諾言。」而這也正是成語「一諾千金」的由來。

當企業和外界進行交流時，必須謹記「無信不立」的大原則，不能不講信用，社交則離不開信用，不講信用就不能以誠相待，不僅損害他人的利益，也會損害自身的切身利益。

日本一位行銷研究的專家曾指出，沒有信用，不僅會得罪了老朋友，也難於結交好朋友，在商場上更是如此，一旦失去信用，生意根本就做不成。

三、要有長遠的眼光。

社交是一項從本身利益出發而謀求發展的公關活動，用意是要通過有計劃的、長期的活動，為企業創造一個舒適而有彈性的外部環境。因此，在展開社交時，一定要從大局出發，往遠處看，絕不能急功近利。一個良好形象的塑造，一個良好的關係網絡的建立，不是一蹴而就的事，需要小心呵護，長期耕耘。

企業社交是無時無刻都存在的，一定要平時著手，重在積累，應未雨綢繆，不可當成應急救火。企業社交應該堅持整體與局部、目前利益與長遠利益相結合的原則，並且要有恆心與韌性，如此才能有令人滿意的成效，也才能獲得遊刃有餘的生存空間，比別人有更多的發展機遇。

談判前的準備功夫很重要

談判前要清楚知道各自的利益和共同利益有哪些，談判的最終目標是什麼，自己可以在哪些地方做出讓步等等。

談判，是領者導重要的對外工作，在企業與企業、單位與單位之間，無論是生產經營或是貿易往來，談判都是日常工作中最重要的活動。

提及談判，春秋戰國時的縱橫家，正是最早的外交家和談判高手。其中最著名的談判大家，首推藺相如完璧歸趙的故事，他以機智拯救了一個國家的命運，也靠一場舌戰保全了價值連城的國寶，讓人見識到談判的重要性。那麼談判的基本觀念技巧有哪些，又該做好哪些準備呢？

身為一名領導人物，談判是經常必須親自參與的重要工作，一般來說，談判的前置作業，多半交給屬下去執行，負責收集資料與證據……等等，至於領導者，則會把重心放在運籌計劃上。雖然領導者是以籌劃為重，然而能否談判成功，事前的準備絕不能輕忽，沒有人會想打無準備的仗，因為大家很清楚知道，萬全的準備絕對是成功的基礎。

1. 談判目的要明確

談判前要清楚知道各自的利益和共同利益有哪些，談判的最終目標是什麼，在什麼問題上可能會遇到麻煩，自己可以在哪些地方做出讓步等等。

通常我們習慣把目標分為三個階段：

第一，必須確保的目標，在任何情況下都不能讓步。

第二，力爭達成的目標，只有在萬不得已的時候才能考慮放棄。

第三，留有餘地的目標，這可以根據談判的進展和情形來修正，要盡全力爭取，但必要的時候仍然要能捨。

2. 做到知己知彼

與談判有關的訊息，要儘量收集並加以研究，以便談判的時候應對自如，對情況瞭如指掌。資料準備得越充分、越全面，我們就越能避免對方的牽制和誤導，使自己立於主動與不敗。

如果，沒有實事求是地瞭解與估計談判對手的實力，我們便容易輕敵或怯場，導致自己無法到預期的目標，甚至造成全盤皆輸的後果。所以，要設法瞭解對手的處境和真正目的，瞭解對方談判者的優點和弱點，正確地評估談判雙方的實力和處境，才能輕鬆應對。

3. 瞭解有關法規和政策

事先要瞭解時事進展、政策的調整變化、法規相關條文……等等，這些我們不僅要熟知，更要能融會貫通，如此才能隨時找到自己需要的依據，輕鬆擊中對方的要害和漏洞。

4. 談判的策略和人員配備

領導者除了要針對不同的主題和談判對手，研究不同的對策，也要根據談判的重要性、內容及難度，選定談判的相有人員。

5. 檢查談判工作的準備

多次召開會議，反覆討論，並進行全方位的準備，以確保萬無一失，最重要的是，在反覆討論預演中，還要能發現問題，及時加以補救，減少犯錯的機會。

此外，談判是一種比較正規、嚴肅的社交活動，它既有一定的一般禮儀要求，也有特殊的禮儀內容。

1. 必須遵守時間

這是最基本的談判要求和準則，無論談判對你有利還是無利，一旦決定和對方談判，都必須守時。參加談判，首先要弄清楚活動時間，並按照預先的通知，依雙方商定的時間、地點準時出現，不必刻意早到，但絕不能遲到。

2. 表達禮儀

在談判場合與人打招呼，一般都會採用非語言形式來表達問候之意，因爲用言語的方式，較容易引起對方的猜疑，另一方面，自己也會有許多不便之處。

所以，一般問候致意時，距離不必離得過遠，雖然大家都不出聲，但鞠個躬或作個揖，彼此明白即可。

如何談判對自己最有利？

希望成為談判高手與領導高手，應期勉自己成為一個口才很好的雄辯家，因為成功的政治人物或商場大亨，無一不是辯才無礙、思維靈敏的人。

談判開始之前，或在談判桌邊，待雙方落座之後，應由談判各方主要領導人向對方介紹己方的談判人員。如果介紹者同時介紹參加談判的雙方代表人員，一般來說，應該先介紹己方的談判人員，再介紹對方的談判人員，以表達尊重之意。

介紹時也有一定順序，不能太過隨便，一般是按照談判人員的級別、職務、年齡，由高到低、由大到小地來介紹自己一方或對方的人員。

接著，當彼此在交換名片時，一定要用雙手遞送與接受，忌諱用單手接送，如果自己一時忘了帶名片或沒有印製名片，那麼必須先向對方說聲抱歉。

接過名片時，要仔細地看一看，若有不清楚的地方要當面請教，這樣既可拉近彼此的距離，又可以活絡談判的沉悶氣氛。

至於座次的順序，談判的時候座位的安排內容有二，一是椅子和桌子大小的選擇，二是桌子和椅子的相對位置。

雙方談判，一般是用長而寬的桌子，雙方主談者則居中坐在相對平等的位置上，其他人員才分別沿兩邊而坐。若是多邊談判，那麼各方的主談者應圍坐於圓桌的相應位置，其他談判人員則要分列兩旁，或坐於主談者身後。

最後是簽字儀式，談判之後，簽字是比較隆重而正式的儀式，禮儀規範比較嚴格。參加簽字儀式的雙方或是各方的賓主人員應該大致相等，有時候還要邀請更高階或更專業的相關公正人士參與見證，而簽字場所的桌面擺置和人員位次，也應符合禮節禮儀的要求。

掌握發問技巧，其實就等於掌握談判的過程。要隨時注意談判的進展情況和談判對手的心理變化，發問時也應捉緊時機，特別是對方的回答讓你產生疑惑時，便要立即請求對方給予解釋和說明。

談判技巧是在談判過程中最重要的一件事，談判技巧的能力越強，對於談判中所出現的各種問題便能處理得越順手，談判的結果也會越理想。

以下，簡要介紹一些應該注意的技巧性問題：

一、迂迴的技巧

在《孟子．梁惠王篇》中描述梁惠王愛好打獵，屢屢侵擾到百姓，這時，有位策士成功運用迂迴技巧，說服梁惠王尊重百姓，不再經常外出打獵。

這也說明了，談判之初不是要硬碰硬，而是旁敲側擊，循序漸進，細心尋找突破點，只要找到對方的弱點和漏洞，再予以反擊，對方自然不得不束手就範。

所以，明智的讓步，可以是退一步進兩步，只要制定策略和謀略能軟硬兼施，便能更加確保目標的達成。

二、發問的技巧

發問是談判中，向對方發難的有效談判方式和手段，它可以在談判桌上收集情報，也能控制談判的進程。善於發難，恰當地運用發問，更能刺激對方去思考，使其慎重地考慮你的意見，讓談判最終能引導到你所希望的方向與結果。

不過，發問時應注意以下幾點：

1. **確定發問的範圍及內容。**在事先瞭解對手情況的基礎上，先提廣泛性的問題，然後再提特定性的問題。

2. **明確提出問題。**說話的時候，不能過快或過慢，應該避免帶威脅性和挖苦性的詞語，儘量把問句變爲可以獲得肯定回答的句式，或提出敏感性問題時，附加一定的說明性及解釋性的話語。

3. **注意提問的時機。**要隨時注意談判的進展情況和談判對手的心境變化，發問也應選在適宜對方回答的時刻。當發現對方的回答有疑惑時，應要求對方予以解釋和說明；在談判涉及到核心問題的時候，要及時提出一些實質性的問題；如果希望引起對方注意，用提問法比陳述法更爲有效；當談判接近尾聲，準備結論時，要歸納幾條解決途徑，提出選擇時應注意的問題。

三、答覆的技巧

如上所述，在談判進行的過程中，雙方都會提出許多問題，有的問題明顯帶有挑戰的性質，有的則相當刁鑽，一旦處理得不好，就會陷於被動的境地。所以，在答覆的時候一定要小心謹愼，因爲錯誤的答覆比愚笨的發問造成更大的損失，以下有幾點要特別注意。

1.答覆之前要給自己留一定的思考時間。

要以考慮對方提問的要點，並考慮如何回覆最好，切忌急於搶答。不過考慮時間也不能過長，那會不利於自己的答辯，使自己顯得有些笨拙，使對方也認爲你陷入了窘境，反增強了對手的信心。

2.未聽清楚對方全部發言內容及提問的意圖，不可貿然作答。

因爲，這樣反而有利於對方，要仔細地聆聽出對方的弦外之音，並察覺其中隱藏的圈套。

3.答覆問題應採不同的處理方法。

有的要全部作答，有的只需對其中的主要問題作答，很多問題也可以將其合成一個答案，一起作答。當然，對有些帶有圈套的問題，可以機智地一閃而過，小心別陷入其中兜圈，對於那些高難度的問題，則要用反問的技巧，攻其不備。

四、走出困境的方法

談判的勝負不僅取決於口才或其他才能，最主要是取決於客觀的事實，即雙方的基本實力。所以，對於談判的失敗，或者談判過程中出現的暫時被動，都要有心理上的準備。

總之，一旦遇上困境，最需要的就是冷靜再冷靜，細心地避開正面而來的打擊，尋找自己尚未利用的資料和理由，同時看準對方是否有漏洞，只要一發現對方的弱點，或者邏輯上的錯誤，就要立即反擊，一旦有利於己，便不要輕易放過。

希望成爲一個談判高手與領導高手，應期勉自己成爲一個口才很好的雄辯家，因爲無論是在古代還是在現代，一個成功的政治人物或商場大亨，無一不是辯才無礙、思維靈敏的人。

PART 10

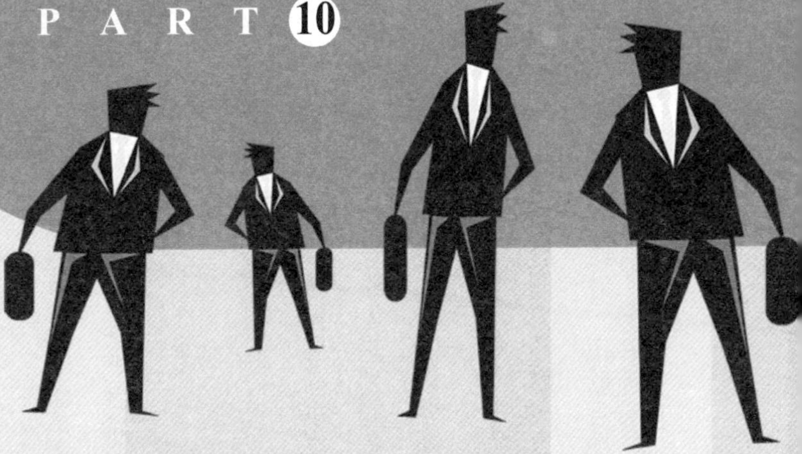

幽默的領導高手更受人歡迎

幽默感不僅是積極的領導統御策略，更是你的護身符，即使遇上對手的銳利武器，我們都能靠著幽默全身而退。

幽默的領導高手更受人歡迎

幽默感不僅是積極的領導統御策略，更是你的護身符，即使遇上對手的銳利武器，我們都能靠著幽默全身而退。

一個領導高手應注意的外在表現形式，應該包括哪些內容和方面？

一般人想到的多半是服飾、儀表，即使涉及到談吐和口才，也經常忘了幽默感就是成爲一個領導高手的要訣之一。

幽默儘管與一個人的個性和修養關係密切，但它並非屬於性格和天性範疇，而是屬於個人經驗與自我鍛鍊的產物。

此外，由於各地的習俗不同，在某個環境中具有幽默感的東西，到了另一個地方，也有可能變得一點也不幽默，比如俄羅斯的很多笑話，到了英國卻成了冷笑話，原因就在於此。

幽默可以經由後天的培養而獲得，因此，想要成爲領導統御高手，就不能以「因爲個性」的藉口來拒絕「幽默」。

很多主管級的人物之所以性情都過於刻板，有個很重要的原因是，他們陷入了認識上的盲點，認爲既然自己是領導者，就要有領導者的「樣子」，要有「嚴肅認眞」的威儀。這種認知雖然沒錯，但是你只需對工作嚴肅認眞，並不需要對所有接觸的人也板起面孔。

眞正的領導高手，無論走到哪裡都會有笑聲，讓人如沐春風，令追隨的下屬或合作的伙伴感覺輕鬆、愉快。

如果，你一天說不到一句話，總是在員工和下屬的面前擺「架子」，這是一種很不明智的做法，甚至還隱含著潛在性的危險。

因爲，你自己用了一道無形的圍牆將自己和大家隔開，使彼此成爲兩個世界的人，雖然員工都很怕你，你也確實很有權威，但是，最後你終將成爲孤獨的人，成爲大家敬而遠之的人。

其實，具有幽默感的領導者才是最受歡迎的。

所以，別那麼嚴肅，適度地展現風趣的一面，表現自己的幽默風采，才更能吸引衷心臣服於你的人才。

幽默是一種外在形象的修養，與一般的日常生活中的笑話，既有相同的部分，卻也有一定程度的差別，絕非庸俗的「搞笑」。

總之，幽默感不僅是積極的領導統御策略，更是你的護身符，即使遇上對手的銳利武器，我們都能靠著幽默全身而退，重新開始另一場戰局，所以，幽默是領導高手應具備的必須素養。

靈活運用自己的幽默

在我們的日常生活中，最常見的有三種類型的幽默：哲理性、詼諧性和嘲諷性幽默。優秀的領導者可以從中萃取菁華，靈活加以運用。

無論是哪一種幽默，即使差異很大，它們都有著一個共同之處，那就是旨趣必須是由內而外地發出，從人的顯意識和潛意識中產生。

就幽默的展現而言，輕鬆滑稽、逗人開懷的詼諧話語，那可以說是幽默；才智機敏，妙語解疑的機智，也是一種幽默。

就幽默而言，「幽自己一默」的自嘲，那可以說是幽默；「幽別人一默」的調侃，也可以說是幽默。

就幽默所製造的效果而言，讓人露出會心的微笑，那是幽默；讓人忍不住哄堂大笑，那也是幽默。

就幽默的境界而言，寓意風雅、耐人尋味的風趣，可以說是幽默；氣度恢宏，率眞超脫的豁達，也可以說是幽默。

幽默可以帶來快樂，使人從痛苦的經驗和情緒中掙脫出來，是一種生理和精神活動，英國著名哲學家索利曾經這樣談幽默：「人類語言中幾乎沒有一個詞彙，比這個人人都熟悉的詞更難下定義了。」

幽默是個開放的和通俗化的語言概念，幽默的方式可說是「無限」的。

它的關鍵因素在於是否具有「趣味性」，只要能產生有趣的效果，任何有聲的和無聲的，任何有形和無形的舉動、言語、思維、氣氛都可以成爲幽默的媒介，傳遞幽默的訊息符號，從而成爲幽默的表達方式和存在形式。

什麼力量是幽默的眞正源泉和內容呢？

我們可以進一步說，有趣與好笑，主要更取決於行爲主體的情感、好惡、文化素養……等等。

蘇聯美學家賓斯基曾經說：「幽默可以採取任何形式，以適應任何的時代思潮及其歷史性格。」

關於這點，從當代歐美各國幽默雕塑、幽默工藝、幽默新聞……等等的流行，就可以得到證明。

我們可以這樣認爲，所謂幽默只是較高級的玩笑話，它不一定要使人捧腹大笑，只要能使別人莞爾一笑，便已達到基本功能。

它從人的顯意識和潛意識中產生，因而它是人的情緒、情感、意識、個性，還有價值判斷合乎邏輯的表露。

正因爲如此，它總是生動地表現出各種各樣心智和心力，成爲一種能爲人們所能感知和把握的個性心理和社會心理。

在我們的日常生活中，最常見的有三種類型的幽默：哲理性、詼諧性和嘲諷性幽默。優秀的領導者可以從中萃取菁華，靈活加以運用。

哲理性幽默，包括那些靈機一動的閃光和火花，信手拈來的雋詞佳句，耐人尋味的諧趣珍聞，令人回味無窮。例如：

「如果你想考驗狗的愛情，那麼你只需要扔過去一根骨頭。」

「如果你想讓人記住你，就得不斷地跟他借錢。」

詼諧性幽默，大多出現在性格的幽默中，表現方式是大智若愚的「拙巧」，這類幽默往往三言兩語，卻能收到讓人拍案叫絕的效果。

很多人都聽說過這樣一個故事，德國天才詩人歌德在威瑪公園的小徑上，和一位自命不凡的文藝評論家相遇。

那位評論家傲慢地說：「對一個傻子，我絕不讓路。」

歌德聽了之後，微笑著往旁邊一站，說道：「我卻恰好相反。」

他的詼諧不但含蓄，而且還具有比正面攻擊強烈得多的反擊效果。

最後，我們再來看看嘲諷性幽默。

「嘲諷性幽默」是最常見的幽默之一，它是以溫和而寬厚的態度對假、醜、惡的人或事，做出輕微的揶揄和批評，有時雖然荒誕不經，卻能發人深省。

其中所產生的張力，遠比一大堆廢話，或一長串情節更富有表現力和效果。

魯迅可說是中國近代文學史上的幽默大師，對於他的幽默，我們可能感到更爲親切，更爲熟悉。

像他對筆下的阿Q，正是「哀其不幸，怒其不爭」，他對此人物極盡嘲諷之能事，以揭示麻木不仁的「國民劣根性」。

有一回，阿Q對人們說：「我本來姓趙！」

後來，這段話傳到有權有勢的地方豪紳趙太爺那兒，趙太爺聽了非常生氣，他想到這個王八蛋也和他同一個姓，實在很不配，於是便把阿Q找來，當面問他：「你也姓趙嗎？」

阿Q點了點頭，沒想到，這位年過六旬的趙老太爺居然跳了下來，並賞了他兩巴掌，從此以後，阿Q再也不敢說自己姓趙了，而且對自己的姓氏也漸漸忘卻，只記得自己「似乎姓趙」。

有一年，阿Q參加革命不成，反倒成了革命失敗者的代罪羔羊，即將被槍決正法。法官們要他在供詞上畫押，他卻說不會寫字，他們就說不會寫字也無妨，只要畫個圓圈也行。

於是，他一手握著筆，手卻不停地發抖，好不容易畫成一個爪子形的圓，他還嫌畫得不夠圓，感到很遺憾，還想重新再畫，可是法官們早已等得不耐煩，一把將判書扯了去，等到要上刑場的那天早晨，他才有了點朦朧的感覺：「這似乎是要去殺頭！」

阿Q糊裡糊塗地生，又糊裡糊塗地死，魯迅筆下的他，既使人覺得發笑，但是在笑過之後，卻又深感悲哀，而這也正是大師特有的嘲諷式幽默藝術，一種讓人深醒的幽默。

相同的，身爲領導者，你也可以選擇適合自己性情的幽默表現方式，達到更有效的領導效果。

刻畫人性的幽默表現方式

幽默，不需要過多的話語，也不需太多的描述，真正的幽默往往有意味雋永的深意，值得領導者加以活用。

恩賽丁曾說：「當我們的社會廣泛地通過一種幽默而聯成一體，當每一位公民被笑所征服時，那我們便能永久地置身在祥和的氣氛中。」

的確，幽默是我們最佳補品，我們的生活需要笑，人生更需要幽默，即使是在事業上，面對上司與下屬仍然需要笑與幽默。

那麼，幽默究竟在哪些場合和哪種環境，最能顯示它的魅力和功用呢？

我們不妨看看蕭伯納與小女孩的對話。

有一天，劇作家蕭伯納接到一位小女孩的來信，信中寫道：「蕭伯納先生，您是我最崇敬的一位劇作家，爲了表示我的敬意，我打算用您的名字來命名一條別人送給我的小獅毛狗，不知您意下如何？」

蕭伯納給小女孩回信說：「親愛的孩子，讀了來信頗覺有趣，我贊成妳的想法。但是，妳必須與妳的獅毛狗談談，問問牠的意見如何。」

幽默對幼稚和純眞總是不吝嗇自己的愛，由此折射出長者宏大、寬厚的優秀品格，從而在忘年之間傳導出人類那種最原始的人性。

在中國古典名著《儒林外史》中，作家吳敬梓也曾塑造一個吝嗇已極的讀書人形象。他筆下的嚴貢生一輩子勤奮讀書，老實做人，一生貧困潦倒，也養成了極其節儉吝嗇的習慣。

吳敬梓對他用墨不多，但這個藝術形象卻躍然紙上，栩栩如生。原因何在呢？就在於吳敬梓使用了幽默表達方式。

就在嚴貢生病重臨終的時候，床邊圍了很多親友和家人，嚴貢生一會兒昏死過去，了無聲息，一會又醒來，就這樣反覆多次。於是，家人便問他，是否還有什麼事未能如願，但是他已經完全不能再說話了，只能勉強伸出兩隻顫抖的手指。

看著這個動作，卻沒有人明白這兩個指頭代表什麼意思，於是，有人把他的一位最知心的朋友請來。

這位老朋友聽說這個情況，一進門就注意觀察，最後才發現，放在嚴老先生床前的油燈多了一根燈芯，因為平日只用一根燈芯的。於是，他叫人吹去其中一根，就在吹滅其中一根之後，嚴老先生果然很釋然地嚥了氣！

吳敬梓為了將這位讀書人的吝嗇和節儉，入木三分地刻畫出來，很巧妙地用了幽默的表達方式，抓住他在死的最後一刻的表現，加以渲染、誇張，深刻地刻畫出人物的強烈性格。

另外，魯迅也曾採用類似的筆法，來描寫一個老和尚的虛偽，揭露佛門聖地的偽善。一個很有名的寺廟裡，有位年過古稀的老和尚，在臨終前一直未能安息，於是有人建議找個女人脫光衣服，讓老和尚看上幾眼，也許他就能安然而去。

沒想到，在女人脫光衣服之後，老和尚說了句意味極深長的話：「原來和尼姑是一樣的！」說完之後，他便閉目離去。

魯迅的意思其實也很清楚，既然老和尚知道一般女人的身子和廟裡的尼姑別無二致，那就是說，他也曾與尼姑私通，簡單的一句話，可說是寓意深遠。

而這就是魯迅式的幽默，它不需要過多的話語，也不需太多的描述，寥寥數筆便能勾勒出人物的輪廓，諷刺力量之深，不僅深刻雋永，更讓人激盪思考。

這幾個幽默的故事，不只是讓人會心一笑，同時也發人深省，有所思考與感悟。這種幽默與一般的笑話不同，說明，眞正的幽默往往有意味雋永的深意，值得領導者加以活用。

其實，赤裸裸地責備、批評、挖苦，往往會造成反目成仇，特別是在雙方並不存在對等位置的時候。如果對方是你的上司，你的前途就有可能受到影響；如果對方是你的下屬，在他的心裡也會對你產生一定程度的反感。

幽默是最好的潤滑劑

幽默的領導人物，無論走到哪裡都會使氣氛活躍起來，相較之下，缺乏幽默感的領導人往往到處碰壁。

每個人都希望和別人和諧相處，也深信和氣能生財，但事實上，我們表現出來的行為卻經常與這些想法相左。

當我們試圖說服對方，或者為自己的言行進行辯解時，往往容易感情用事，表現衝動，從而引發不必要的爭吵及矛盾，所以，怎樣學會包裝修飾，讓對方能輕易理解與接受，是相當重要的。

遇上衝突，除了幽默，就沒有其他更好的化解方法了。

特別在商界的應對上，絕大多數的會議和交涉，最終的目的就是要設法說服別人，接受自己的意見和條件，如果稍微沒有把握好，很容易就會變成攻擊性的爭吵和對峙，不僅傷了和氣，更可能失去了一個生意上的好夥伴。

那麼，我們是不是應該試著換另一種辦法來應對呢？

首先，聽聽對手的意見以及他所提出的條件，如果他的要求自己能接受，那麼就皆大歡喜。如果他的條件和要求實在有些過分，使你難於接受，那麼，你大可運用幽默風趣的話語來進行駁斥或反擊。

這樣，既可以有效地表達你的意願和態度，又能給對方留下充足的餘地，還能避免無謂的爭吵和隨之而來的不愉快，不是嗎？

美國總統林肯就是一個善於用幽默解決問題的高手。

在美國南北戰爭中，他對麥克倫將軍未能掌握好軍事時機感到極爲不滿，但是他並沒有嚴加斥責，而是寫了一封信給他。在信中，他這樣說：

「親愛的麥克倫：如果你不想用陸軍的話，我想暫時借用一會兒。

敬愛你的林肯上」

如此一來，林肯總統既給了自己直接插手干預軍隊的指揮，找到了一個充足的理由，更表達自己對麥克倫將軍指揮方法的意見，促使他意識到自己的失誤。

身為主管的人，難免會有極想斥責下屬做事不力或做事不妥的時候，但有人善於處理這些情況，有的人卻容易造成風波。

其差別便在於，斥責或責怪別人時，最難於把握時機與恰當性，稍微不慎就有可能傷及對方的自尊心，在自尊心受傷的情況下，人往往變得易於激動和憤怒，造成兩敗俱傷。

現在的下屬，已經不再像過去那樣唯唯諾諾，因此身為主管和上司的人，一定要善於與他們溝通，善於與他們打成一片。最好是一有時間就和他們聊聊天，說說笑話，幽默一下，如此一定比你板起面孔時的效果來得好，員工們的關係也會變得更加融洽，工作效率也能提高不少。

儘管幽默與否，與各人的個性特徵有一定的關聯，但也有很多人是因為後天的因素，找出自己的特色，從而發揮作用，所以，我們要從平時開始培養起幽默感，儘量使自己變得活潑、生動、有內涵。

看看你身邊的人，那些幽默的領導人物，無論走到哪裡都會使氣氛活躍起來，大家和他有說有笑，很多別人解決不了、處理不了的問題，只要一到他手裡都會迎刃而解，或者大事化小，小事化了。

相較之下，缺乏幽默感的領導人往往到處碰壁，因爲他們不善於幽默，更不善於讓別人瞭解他，當他板起面孔的時候，人們便會有一種難以接近的感覺，說深了也不妥，說淺了也不適當，如此便很容易出現僵持的局面。

我們都聽說過點石成金的故事，石頭處都有，但是如何使它變成珍貴的金子，這的確是一件很神奇的事情。

其實，幽默就是點金術，而且這種點金術並不像神話故事裡講的那樣，需要神仙的法術或仙人指點，我們每個人早就具有了這種潛力，只要我們充分地發揮，自然能讓自己的工作和事業，變得輕鬆而又有趣。

用幽默的言語保護自己

幽默是一把雙刃劍，既可以保護自己，也可以給對手留下足夠的面子；既可以用它來進行攻擊，又可以使它成為彼此關係的黏著劑。

身爲領導者，每天必須面對繁雜的事務，同時也得妥善處理各種狀況，以及突如其來的明槍暗箭；想成爲領導統御高手，就得學會用幽默的語言保護自己。

齊國的使臣晏子因公到楚國來訪，楚國人知道晏子身材矮小，便想戲弄戲弄他，只見他們打開城牆中專供狗出入的小門，要讓晏子進城。

於是，晏子便說：「我只聽說，出使狗國才從狗門進去，我現在出使的是楚國，而不是狗國，所以我不能從狗門進，除非……」

這句話，登時令楚國人無話可說，立即開啓城門，讓他堂堂皇皇地從大門進入。

晏子與楚王會見的時候，楚王也忍不住想戲弄他：「難道齊國沒有人才了嗎？居然派你這樣一個矮子來我國訪問！」

晏子一聽，不假思索地回答說：「齊國派人出使外國有自己的規矩，賢明的人去見賢明的國君，不賢明的使臣去拜見不賢明的國君，我在齊國算是最不賢的人了，所以齊王就派我到楚國出訪。」

楚王原本是要羞辱晏子的，未料卻被晏子狠狠地嘲諷了一頓。

從這則典故中，我們可以很清楚地知道，幽默不僅僅是「搞笑」的工具，它還是一把雙刃劍，既可以保護自己，也可以給對手留下足夠的面子；既可以用它來進行攻擊，又可以使它成爲彼此關係的黏著劑。

據說，張大千是也是一個善於用幽默化解嘲弄的典型。

有一次，他與友人相聚，因他留有很長的鬍子，所以他的鬍鬚很快成爲友人們談論和嘲弄的對象。

有一天，張大千和朋友們聚會時，靜靜地聆聽客人們的對話，等他們講完了，他便就開始發言，說了一個三國時候的故事。

三國時候，關羽的兒子關興和張飛的兒子張苞，追隨劉備率軍討伐吳國，因爲報仇心切的他們，都想爭當先鋒，這使劉備相當爲難。

沒辦法，他只好出題說：「你們比一比，說說你們的父親先前的功績，誰的父親功勞大就由誰當先鋒。」

張苞一聽，不假思索地說：「我父親當年三戰呂布，喝斷壩橋，夜戰馬超，鞭打督郵，義釋嚴顏。」

輪到關興的時候，他心裡一急，又加上有些口吃，半天才說出一句來：「我父親有五尺長髯……」

然後，就再也說不下去了。

沒想到就在這個時候，關公顯靈，他站立在雲端上，聽了兒子這句話，氣得鳳眼圓睜，大聲罵道：「這個不肖之子，老子生前過五關斬六將你不講，卻在老子的鬍子上做文章。」

張大師說完，在場人士莫不俯仰大笑起來。

張大千就是這樣巧妙地套用了關羽鬍子的幽默故事，不但使自己從衆人戲弄的位置解脫，而且也順帶地給予反擊，從而產生了一箭雙雕的效果，這就是將幽默當成一把雙刃劍的故事。

其實，幽默的這種「雙刃劍」功能，還表現在古今中外的論辯藝術中。

在春秋戰國時期尤爲明顯，不論是縱橫家或是外交使節，往往獲勝的關鍵在於論辯的高明與否。

在戰國時期，晏子以口才善辯而聞名於諸侯各國。

有一次，晏子代表齊王來楚國洽辦公事，楚王和臣子們私下商量一個計劃想試試晏子的能耐。

晏子來到楚國之後，上朝面見楚國國王，正在會談的過程中，有一個大臣來報告說，士兵們抓到一個行竊的齊國盜賊。

這時候，楚王轉過身來，笑著對晏子說：「怎麼齊國人這麼喜歡盜竊，齊國人是否全都這樣呢？」

晏子識破是楚王搞的鬼，很快就反應過來，對楚王說：「我聽人說，橘子樹要是長在淮河以北的地方就結橘子，而如果長在淮河以南則結枳子，這是什麼原因造成的呢？是南北水土的差異所造成的。齊國人其實一點也不習慣偷盜，他們在齊國並不偷，可一到了你們的楚國就變得喜歡扒竊了。這是什麼原因？當然再次又說明了，地方水土的差異。楚國人習慣於偷竊，所以齊國人到了楚國也就變成了小偷，您說是不是呢？」

楚王聽了之後，哈哈大笑地對晏子說：「沒想到本王沒戲弄到你，反而成了自討沒趣。」

極善於在論辯中維護自己的論點和看法的晏子，正是一個懂得利用幽默駁斥對方言論，反擊對手的高手。

拿捏好幽默的尺度

幽默比較難於掌握的是精髓實質，弄得不好就會和東施效顰一樣。作為領導者，必須對此應清晰地瞭解，並學會把握好幽默的尺度。

幽默威力無窮，可以化腐朽爲神奇，可以使整個世界亮麗起來，就像支無形的火把，會照亮你的一生，這也就說明了我們學習幽默技巧和藝術的必要性。

如果我們把幽默視爲一種藝術來看待，那麼它就具有其自身特有的內部規律和特性，我們在學習和掌握這門藝術的時候，就一定要遵循這種內在的特性和規律，這樣才有可能找到適合的途徑。

成語中有句「東施效顰」，說的是春秋的時候，越國有一個美麗的女子叫西施，因爲心絞痛的毛病，經常會捂著心口，這個小小的動作因爲她人生得漂亮，所以大家連她疼痛時候的樣子也覺得很可愛。

然而，在同一條街上有個醜女，名叫東施，當她看見西施疼痛時的樣子，非常可愛動人，所以她也無病呻吟，經常捂住自己的胸口作痛苦狀，一樣的小動作，她卻引人作嘔，人們不但不覺得可愛，反而還覺得她更加醜陋。

這個典故，對我們學習幽默很有啓發意義。

幽默雖然在很大程度上具有娛樂和活躍氣氛的作用，但絕不能將它視爲單純的「搞笑」，這樣就會將幽默庸俗化與簡單化了。

我們反覆強調的是，幽默是一門藝術，是人類精神和情緒宣洩的一個重要渠道，也是人類靈魂的一個窗口，應高度重視它的內容，而不是它的形式。

大家爲什麼覺得東施的樣子醜陋，而西施卻讓人迷戀不已呢？

一方面是因爲東施是一個醜女，而西施則是一個美女，但另一方面本質的原因則是，西施的表情是其感情和內心感受的自然流露，具有形式與內容的統一性，她用了恰當的形式表達了本身的內容，因而就具有了一種眞實而自然的美感。

然而，東施卻是無病呻吟，故作病態，是形式與內容的分離，她只模仿了西施的外在表情，卻無法獲得西施那種眞實的內容和眞實感受，因而她的「美」是裝出來的，是虛假的。

所以，幽默比較難於掌握的是精髓實質，弄得不好就會和東施效顰一樣。

作爲領導者，必須對此清晰地瞭解，並學會把握好幽默的尺度。

如果說，幽默不能爲人釀出歡娛，卻給人怨憤、痛苦，這就讓人遺憾了，因爲，幽默有時會成爲間接的攻擊方式，所以不要濫用譏諷，特別是直接譏諷。

一般來說，當你在運用幽默的時候，要先看清在場有哪些人，這些人的背景如何，從而避開一些敏感的話題和不該在這種場合說的話。

比如說，對職業的蔑視很致命，你嘲笑對方本來就不滿意的職業，無疑是嘲弄對方的才能與人品，因而隨意玩笑的結果反而造成了彼此的隔閡。

曾經有位內向的女大學生，在找工作時被迫改變了初衷，而當了一家賓館裡的公關小姐，但是，她其實很討厭成天在客人面前說笑周旋。

有一次，當她出席同學聚會時，她最親密的女友迎過來說：「哇，好漂亮！全體起立，向我們的賣笑女郎致敬。」

聽到這一句話，相信在你心中，也和女孩一樣有著相同的感受，這句話讓原本春風滿面的女孩，頓時如遭雷擊，傷心地轉身離去。

這裡還有一則故事，有一次幽默家赫伯·特魯去看一個朋友，他們以這樣一句話來開始彼此之間的談話：「我來講個波蘭人的笑話。」

「算了，赫伯，我不願意聽。」他的朋友這樣說。

「我眞不明白，」他抗議道：「你是波蘭裔的美國人，而我也算半個波蘭裔的美國人，我爲什麼不能講個波蘭人的笑話來聽聽呢？」

「算了吧，」朋友堅持著：「不要告訴我任何關於波蘭人的笑話。」

這裡問題就出在赫伯不瞭解朋友的內心禁忌，和極爲複雜的種族情緒。

由此我們可以看出，幽默特別強調本身的「眞實性」，一方面要有感而發，另一方面也絕不能「表錯了情」。

靈感是幽默的泉源

領導者希望變得風趣幽默，便要經常翻閱有關方面的書，並增強和培養自己的幽默感，如此才能輕鬆地展現幽默風采。

靈感不是什麼突發奇想，更不是空穴來風，而是一種長期積累的一瞬間閃光，所以靈感就是幽默的泉源，意即在現實生活和個體人生孕育的靈感。一個對生活馬馬虎虎、麻木不仁的人，或一個缺乏細心觀察態度的人，是很難有多少靈感的。

美國有位著名的女作家叫艾倫，從小就是一個又聾又瞎的小女孩；一個耳朵不能聽，一個眼睛不能看的人，將如何感知世界、體味人生呢？

當大家在質疑時，艾倫卻憑著執著的信念與對人生幸福的渴望，開始了她歷經磨難而又回味無窮的漫長人生，她沒有被生活所拋棄，自己用認眞的生活態度成就了她的生命。

爲了學會每一個單詞和概念，她必須付出極大的辛勞，比如爲了知道什麼是「water」（水），她的老師只能將她帶到水池旁邊，將清澈而冰涼的水，慢慢地澆淋到她的手背上，或擦在她的臉上。

因爲她不能聽到聲音，老師便讓她用手摸自己的嘴唇，以透過發音時的口形，來反覆揣摩「water」的發音。

在一篇優美散文中，艾倫的結尾是這樣說的：「我們每一個人都應該珍惜我們生命裡的一分一秒，就好像我們明天就要離開這個世界一樣。如果你明天就要永遠離開這個世界，那麼，你今天打算做些什麼呢？」

另外她還寫著：「如果，你能讓我用自己的眼睛好好看一看這個世界，哪怕只有三天時間，那麼，我就願意死去。在這三天的時間裡，我一定要好好地看一看，世界有些什麼顏色，紅色和綠色又是什麼樣子，藍天白雲又是什麼形狀，清澈的水到底有多麼可愛。」

因爲對生活和生命的珍視和熱愛，使她產生了奇蹟般的思想火花，其實，我們要讓自己具備幽默感，也與這個道理相同，所以，你用什麼樣的態度生活，是很重要的一件事！

用心體會生活的美妙之處，以及人身爲萬物之靈的意義。不要疏忽這個大意，當我們拿忙碌當作生活馬虎的藉口時，我們便失去與缺乏了對人類和人生的終極關懷意識，更成了爲生存而「奮鬥」的奴隸。

所以，我們必須向這種生活方式說「不」，並對生活多用點心。

再者，我們要善於觀察日常生活中幽默的好處。

當你聽完狡猾的狼與善用計謀的狐狸的故事時，你也許會開懷一笑，這個時候你就不妨追究一下自己爲什麼會笑，爲什麼會這樣開心，開懷大笑之後，又從這個故事獲得什麼心得。

在你看完《阿Q正傳》之後，你也應該回顧一下內心的眞實感受，是否有著莫名而令人難忘的感受。

阿Q的確讓人覺得幽默而滑稽，但是，當他被糊裡糊塗地押上法場時，留給我們的，眞的還是只有那一笑嗎？

當然不是，當無盡的感傷和悲哀激起時，這樣的幽默是深刻的，而我們也必須學會欣賞這些深刻的幽默，如果我們想要學會運用幽默的話。

領導者希望變得風趣幽默，便要經常翻閱有關方面的書，讓自己從理論上瞭解什麼是幽默，從而使自己增加一些必要的知識，並增強和培養自己的幽默感，如此才能輕鬆地展現幽默風采。

不分場合的幽默使人厭惡

領導者也要保有自己應有的形象，講笑話如果毫無邊無際，太過誇張，或為了追求效果而手舞足蹈，活像個小丑，也會讓人感到難以接受的。

幽默是陳年老酒，適量的飲用不僅讓人心曠神怡，還能延年益壽，但若是喝過了頭，便會引發諸多不愉快的事。

如果幽默是一朵美麗的花，那麼它就是一朵帶刺的玫瑰；如果幽默是一把劍，那麼它便是一把鋒利無比的雙刃劍。

這就是為什麼我們在談到幽默的好處和潤滑功用時，還須要強調幽默的禁忌，因為有一種幽默，非但不會讓人感到愉悅，反而會造成渾身不適的感受，那就像吃飯時，不小心吃進了蒼蠅，教人大倒胃口，這個時候的幽默便不再是芳香的花朵，而是一種發了霉的細菌。

其實，這並不是幽默，問題是它卻經常與幽默混雜在一起，難以區分。

雖然一句好話可以爲溝通帶來輕鬆的氣氛與說服力，但是喋喋不休的妙語、笑語、警句、諷喻，卻會讓溝通發生阻塞，因爲「幽默轟炸」，通常都會帶來思維上的緊張，教人手足無措，不知如何是好。

只因過度的強調幽默，會讓人感覺古怪，特別是你剛認識一個人時，若是滔滔不絕地說著連篇笑話，看似很有才識，很有幽默感，但是，人們也可能認爲，你是個油嘴滑舌、輕浮虛僞、慣於賣弄的人。因此，凡事應恰到好處，過與不及都是不理智的狀態。

我們明白，缺乏幽默感會讓人覺得死板、缺少生氣，讓你的嚴肅面孔更加讓人有拒人於千里之外的距離感。但是，過於「幽默」也是不妥當的，在日常生活中，適當地使用幽默的藝術，才能使彼此之間有一種輕鬆、活潑而愉快的生活享受。

在古希臘中，人們用了一個絕妙的詞來表達笑的意思，那便是「gelao」，原意是「照耀」。

因爲，「笑」照亮了人們的臉龐，使人神采奕奕，目光傳神，紅潤的雙唇舒展在白瓷般的牙齒上面。同時，笑意還會擴及人的全身，當人們放聲大笑時，全身上下各個部位都跳動了起來，人更處於歡欣鼓舞、興高采烈的情況，笑的美好便在於此，它的魅力還能刺激人們工作和生活中的熱情與精力。

由此可見，在文明綻放的那些世紀中，人類努力地將笑的功能發揮到極致。

然而，隨著人們生活的現代化和多元化，我們也發現到，幽默的笑語並不能隨便施與，它還受到地理、環境、文化傳統和人文背景的制約。

像是在莊嚴肅穆的社交場合，比如葬禮中或宣佈重要的嚴肅事件時，任何戲謔的話語都會被受非議，引起別人的誤會，甚至還會激起公憤。譬如你的上司或下屬正在爲失去親人而難過時，你便不能爲了「趕走悲傷」或「製造氣氛」，而在那裡插科打諢，那並不會獲得肯定，而是會讓人厭惡。

此外，領導者也要保有自己應有的形象，講笑話如果毫無邊無際，太過誇張，或爲了追求效果而手舞足蹈，活像個小丑，也會讓人感到難以接受的。

不要讓幽默造成反效果

譏諷、攻擊、責怪他人的幽默，雖能引人發笑，卻常常會產生意想不到的嚴重後果，使本來融洽的關係產生隔閡。

幽默若不能爲人們帶來歡娛和快樂，反而帶來驚駭和痛苦，這便成了一件遺憾的事，同時也犯了幽默的大忌。

莎士比亞曾經說過：「幽默和風趣是智慧的結晶。」

美國學者赫伯．特魯也曾指出：「幽默是構成人的活力的重要部分，是產生創造力的源泉。」

法國作家格威更斷言：「幽默是比握手更文明的一大進步。」

魯迅先生則評論道：「一個缺乏幽默感的民族，往往是一個災難深重的民族、一個不幸的民族。」

誠然，幽默是美麗而神奇的東西，它可以成爲人與人之間的潤滑劑，除去人們心中的壓力，給人們輕鬆歡愉的心情，爲紛亂爭鬥的世界披上一層柔和的玫瑰色彩，爲嚴寒的冬天帶來一股暖流。

但是，任何幽默在社會心理上的價值，並不意味著它的普遍性，幽默的社會功能和文化功用，也不是指它具備了萬能的效應。

因爲它是一朵帶刺的玫瑰，任何不耐煩、莽撞都有可能使你飽嘗苦果，因而幽默雖好，但卻不要用來揭人傷疤，或者說，不要在別人傷口上撒鹽。

由於譏諷性的幽默有著嚴重負效應，因此，領導者在使用幽默進行批評性言談的時候，就要反覆地嚴格推敲，不要讓人產生一種被嘲笑的感覺。

曾經有個高級飯店的服務員，總是不愛刮鬍子，雖然大家經常提醒他，他仍然積習難改。

有一天，經理找他談話，等他一進辦公室，經理劈頭就這樣問：「小宋，你想一想，你身上最鋒利的是什麼東西呀？」

小宋愣了一下，掏出水果刀說：「可能就是這把水果刀了。」

經理搖頭，說：「不見得，我看應該是你的鬍子。」

小宋不解地問，「爲什麼？」

「因爲它的穿透力特別強。」

小宋醒悟過來後，氣得滿面通紅。

還有位地理老師，在講到西南地區的岩溶地形時，形容鐘乳石的形狀時，突發奇想地說：「如果大家不太清楚什麼是鐘乳石，那你們應該知道女性乳房是什麼樣子，它爲什麼叫鐘乳石，就因爲像女性的乳頭。」

此語一出，眞是語驚四座，女生們感到無地自容，而調皮的男生們則大呼小叫起來。最後，這件事被人檢舉到校長那兒，這位地理老師受到了嚴厲批評，並且向同學們道歉了事。

以爲自己發揮了幽默感，沒想到結果卻令自己狼狽不堪，從而威信掃地，不是很冤枉嗎？

很多學者都認爲，幽默是在社會生活的基礎上而產生，它不是飄浮在空中的幻影；幽默的存在，表現了人們多方面的社會功利需要，包括懲惡除暴，調解糾紛，溝通內心世界，這使得幽默自然地要和諷刺、嘲笑、揭露和調侃聯繫在一起。

但是，想成爲一個優秀的領導者，千萬別忘了，不管幽默是基於善意的諷刺、溫和的嘲弄或嬉笑，仍然得經過一番思慮才是。

對於某些部屬，領導者常常覺得可笑又可憐，因而總是譏刺他，卻又必須諒解與寬恕他，這種內在的矛盾，便造就了幽默語言的暗示性和閃爍性。

幽默可以減弱批評的針鋒相對，透過誘導式的意會，發生潛移默化的作用。

有個靠房地產業致富的紐約巨商，碰巧遇見了大作家海明威，非要他簽名留念不可。海明威對這個俗不可耐的爆發戶相當不屑，於是用手杖在沙上寫下了自己的名字，接著說：「請您收下我的簽名吧！」

還有一次，馬克·吐溫來到英國的一個城鎮，逕自走進一家旅館，侍者請他在旅館登記本上簽名，他翻開登記本一看，發現在他之前一位很有名望的旅客在這裡住過。這位先生的簽名是這樣的：「馮·布特福公爵及其僕人。」

馬克·吐溫笑了笑，緊接著寫上：「馬克·吐溫及其一只箱子。」

明朝的開國皇帝朱元璋，還未當皇帝之前，有一次在鄉下趕路，當時已經是臘月初十，家家戶戶都掛紅燈、寫對聯，歡歡喜喜地準備好過年。

可是，有位閹豬爲業的老頭卻滿面愁容，因爲他自己不識字，不會寫對聯，雖然請了人來幫忙，但是這位幫手爲了想出適合他的對聯，卻也一籌莫展。

這時朱元璋路過此地，看見這位屠戶一臉苦相，便問清原委，只見他爽快地說：「好辦，好辦，我可以替你寫。」

於是，他叫老人家拿出筆墨伺候，大筆一揮，便寫下這首傳頌千古的對聯。

上聯是：雙手劈開生死路

下聯是：一刀斬斷是非根

橫聯是：開天闢地

這眞是神來之筆，因爲這位老頭以閹豬爲業，說這個職業高雅，未免名實不符，但要說得粗俗一點也不對。

沒想到朱元璋卻用一副幽默對聯，巧妙地解決了這個問題，不僅沒有揭人家的痛處，還令使這屠戶有了新的職業視野。

魯迅先生也曾說過類似的笑話。

有個很窮的乞丐，很喜歡在人前誇耀他與富人的交往。有一次，他從外面吃飯回來，很高興地對大家說，今天那位遠近馳名的富人跟他說話了。

大家也都奇怪，那麼趾高氣揚的人，怎麼會和一個乞丐說話打交道呢？

於是，有人便問他：「那他跟你說了些什麼？」

乞丐很得意地說：「當我一大早走進他的宅子向他討錢的時候，他對我說：『滾出去』！」

話才說完，立即引來哄堂大笑。魯迅慣用的嘲諷，是用於諷刺那些趨炎附勢的小人，而不是對一般的人。

在我們的日常生活中，諷刺他人需經過理智的考慮，因爲尖刻的幽默很容易趨於殘忍，使人受到傷害、產生焦慮。譏諷、攻擊、責怪他人的幽默，雖能引人發笑，卻常常會產生意想不到的嚴重後果，使本來融洽的關係產生隔閡。

你也可以看穿對方心裡暗藏的秘密

法國文豪巴爾札克曾說：
「人總是喜歡在別人面前炫耀自己，自己原本一無所有，
卻要處處裝出什麼都有的樣子。」

看透對方心思

超強讀心術

PRACTICAL
PSYCHOLOGY

楚映天——編著

單憑身分、地位或外貌就輕信別人是人性的重大弱點之一，很多時候，造成我們判斷錯誤或遭遇欺騙的，並不是別人刻意僞裝，而是我們不具備基本的讀人概念。只要瞭解人性的人都知道，形象的眞正功用，並不在於表達，而是在於隱藏，因此，想正確地判斷一個人，千萬別只看他的外表，而要從一些細微的肢體動作著眼。這是因爲，一個人的眞正心思，往往會在做了言不由衷的事情之後暴露出來。

智謀經典

63

厚黑學完全使用手冊：
領導權謀篇

作　　者　王　照
社　　長　陳維都
藝術總監　黃聖文
編輯總監　王郡凌
出 版 者　普天出版家族有限公司
新北市汐止區忠二街 6 巷 15 號
TEL / (02) 26435033 (代表號)
FAX / (02) 26486465
E-mail：asia.books@msa.hinet.net
http://www.popu.com.tw/
郵政劃撥 19091443 陳維都帳戶
總 經 銷　旭昇圖書有限公司
新北市中和區中山路二段 352 號 2F
TEL / (02) 22451480 (代表號)
FAX / (02) 22451479
E-mail：s1686688@ms31.hinet.net
法律顧問　西華律師事務所・黃憲男律師
電腦排版　巨新電腦排版有限公司
印製裝訂　久裕印刷事業有限公司
出 版 日　2024 年 7 月第 2 版第 1 刷
ISBN◉978-986-389-935-8　　條碼 9789863899358

國家圖書館出版品預行編目資料

厚黑學完全使用手冊：領導權謀篇 ／
王照著.—第 2 版.—：新北市,普天出版
2024.07 面； 公分. - (智謀經典；63)
ISBN◉978-986-389-935-8 (平裝)

普天之下・盡是好書
普天出版家族
Popular Press Family
凌雲文創
A-Plus Creative Company